DESCHINGA TU CEREBRO

USANDO LA CIENCIA PARA SUPERAR ANSIEDAD, DEPRESIÓN, IRA, MIEDOS Y DESENCADENANTES

FAITH HARPER, PhD, LPC-S, ACS, ACN
TRADUCIDO POR **CRISTINA MARTÍNEZ-SMITH**, PhD, LPC

MICROCOSM PUBLISHING
PORTLAND, OR

DESCHINGA TU CEREBRO: Usando La Ciencia Para Superar Ansiedad, Depresión, Ira, Miedos Y Desencadenantes

Faith G. Harper, PhD, LPC-S, ACS, ACN
Traducido por Cristina Martínez-Smith, PhD, LPC

© Faith G. Harper, 2017, 2020
Esta edición © Microcosm Publishing, 2020

ISBN: 9781621065043
This is Microcosm # 550
Diseño de libro de Joe Biel

Para el catálogo, escribe o visita:
Microcosm Publishing
2752 N Williams Ave
Portland, OR 97227 USA
www.microcosm.pub

Para unirte al grupo de tiendas que cuentan con títulos de Microcosmos, habla con tu representante local: en los EE. UU., Como (Atlántico), Fujii (Medio Oeste), Book Travelers West (Pacífico). Manda / UTP en Canadá, Turnaround en Europa, New South en Australia y GPS en otros países.

Si compraste este libro en Amazon, lamento decirte que pudiste haberlo comprado más barato y al mismo tiempo haber apoyado a un editor pequeño e independiente en Microcosm.Pub

Las condiciones laborales del mundo están en malas condiciones, y nuestras raíces en la industria de Cleveland en los años 70 y 80 nos hicieron apreciar la necesidad de tratar a los trabajadores correctamente. Por lo tanto, nuestros libros están HECHOS EN LOS ESTADOS UNIDOS.

Library of Congress Cataloging-in-Publication Data

Names: Harper, Faith G., author.
Title: Deschinga tu cerebro : usando la ciencia para superar ansiedad, depresión, ira, miedos, y desencadenantes / Faith G. Harper, PhD, LPC-S, ACS, ACN ; traducido por Cristina Martínez-Smith, PhD.
Other titles: Unfuck your brain. Spanish
Description: Portland, OR : Microcosm Publishing, [2020] | Includes bibliographical references. | Summary: "Nuestros cerebros están haciendo todo lo posible para ayudarnos, pero pueden ser unos cabrones. A veces, parece que tu propio cerebro está tratando de atraparte, deshaciéndose en medio de la tienda de comestibles, creando pleitos con tu acompañante, volviéndote adicto a algo, o bloqueándose por completo en los peores momentos posibles. Ya le dijiste a tu cerebro con firmeza que no es bueno hacer estas cosas. Pero tu cerebro tiene una mente propia. Ahí es donde entra en juego este libro. Con humor, paciencia y un montón de insultos, la Dra. Faith te muestra la ciencia detrás de lo que está pasando en tu cráneo y te explica el proceso de reentrenamiento de tu cerebro para responder adecuadamente a las no emergencias de la vida cotidiana. Si estás trabajando para lidiar con viejos traumas, o si solo deseas tener una respuesta más calmada y moderada a las situaciones a las que te enfrentas todo el tiempo, este libro puede ayudarte a armar las piezas del rompecabezas y recuperar tu vida y tu cerebro"-- Provided by publisher.
Identifiers: LCCN 2020020135 | ISBN 9781621065043 (paperback) | ISBN 9781621062394 (epub)
Subjects: LCSH: Psychic trauma--Treatment--Popular works. | Stress management. | Mental health. | Psychotherapy.
Classification: LCC RC552.T7 H36518 2020 | DDC 616.85/21--dc23
LC record available at https://lccn.loc.gov/2020020135

MICROCOSM·PUBLISHING

Microcosm Publishing & Distribution se enfoca en lo llamativo, auténtico y enriquecedor. Nuestros libros y revistas han puesto su poder en tus manos desde 1996, equipando a los lectores para hacer cambios positivos en sus vidas y en el mundo que los rodea. El microcosmos enfatiza el desarrollo de habilidades, mostrando historias ocultas y fomentando la creatividad. Desafiamos la sabiduría editorial convencional con libros y revistas sobre habilidades de bricolaje, comida, ciclismo, género, autocuidado y justicia social. Lo que una vez fue una zine y negocio discográfico iniciado por Joe Biel en su habitación se ha convertido en una de las editoriales independientes más antiguas de Portland, Oregon.

CONTENIDO

INTRODUCCIÓN

¿Como se chinga nuestro cerebro? Vamos a contar las maneras. Ira, depresión, ansiedad, estrés, dolor traumático, uso de sustancias, patrones de comportamiento alocados, decisiones estúpidas.

O como alguien me dijo recientemente ... "Sí, así se siente un típico Martes".

Gran parte de lo que llamamos enfermedad mental es en realidad un caso de sustancias químicas del cerebro que se han vuelto locas. Y la mayor parte de esto proviene de los eventos estresantes y traumáticos de la vida que enfrentamos.

Solíamos culpar a nuestros genes de todas las formas en que respondíamos a un ambiente de estrés y trauma. Pero investigaciones recientes muestran que solo entre el dos y el cinco por ciento de los diagnósticos con los que luchan las personas provienen de un gen singular y defectuoso. Entonces, sabemos que la causa de los problemas es probable que sea nuestro entorno y cómo lo afrontamos.

Estas cosas—ira, depresión y el resto—son estrategias de adaptación. Si no crees nada de lo que tengo que decir, espero que al menos creas esta parte. Estos sentimientos son normales. Estamos preparados para la autoprotección y la supervivencia, y eso es exactamente lo que esta haciendo tu cerebro cuando actúa de la chingada.

Nuestros comportamientos son respuestas a las cosas con la que tenemos que lidiar día tras día. Nuestros cerebros responden no solo a grandes eventos traumáticos que cambian la vida, sino también a las relaciones e interacciones tóxicas del día a día ... las pequeñas formas en que las personas nos sacan de quicio, violan nuestros límites y no respetan nuestra necesidad de seguridad. Es una combinación caótica entre las dos. Y ENTONCES sentirse de la chingada se convierte en un círculo vicioso. Nos sentimos raros y locos por sentirnos raros y locos. Sentimos que somos débiles. O rotos. O fundamentalmente defectuosos. Y ese es el sentimiento más desamparado del mundo. Fundamentalmente defectuoso significa que no se puede arreglar. Entonces, ¿para qué molestarse en intentarlo?

Pero, ¿qué pasaría si pudieras entender de dónde provienen todos esos pensamientos y sentimientos? ¿Y entiendes cómo surgió el desmadre en tu cabeza? ¿Y si en realidad fuera del todo comprensible? Eso significa que en realidad se podría arreglar.

Este desmadre es importante. Es mucho más probable que mejoremos si sabemos por qué tenemos un determinado problema y dejar de centrarnos en los síntomas. Si tratamos el estrés, la ansiedad o la depresión, por ejemplo, sin observar algunas de las causas del estrés, la ansiedad y la depresión, no estamos haciendo todo lo posible para que las cosas realmente sean MEJORES.

Es como si tuvieras una irritación (tenme paciencia, ya se, que asco). Puedes tratar la irritación e incluso hacer que desaparezca pero, ¿si no te das cuenta de qué te esta irritando? Los problemas pueden continuar.

Lo mismo con el cerebro. Si puedes entender mejor por qué estás haciendo las cosas que estás haciendo, la recuperación es mucho más fácil. Y no tiene que ser explicado de una manera complicada y elegante para tener sentido y que sea útil.

Soy terapeuta. Una consejera autorizada con certificaciones adicionales en sexología, entrenamiento de vida integrado y nutrición clínica. También superviso y doy clases en todo el estado. Soy una terapeuta informada sobre el trauma, lo que significa que trato el trauma junto con lo demás. Esto ha provocado dos situaciones:

1) Que me eviten constantemente en fiestas

2) Que mis clientes tienden a mejorar muchísimo, muchísimo más rápido que los clientes de mis colegas, ya que al trabajar el trauma, no incorporan la autoconciencia

No es que me estoy echando flores a mí misma. Mis clientes hacen TODO el maldito trabajo, yo solo soy la entrenadora. Sostengo el enorme cartel que dice "¡Corre de esta manera, Forrest!" en el momento final adecuado.

He estado en el campo de salud mental durante décadas para que vengas a decirme "estás bien vieja", y sin embargo te puedo decir que nuestra comprensión actual del trauma es prácticamente nueva. Hace unos años trabajé para el primer programa en la ciudad en dirigir grupos de recuperación de traumas. En esos grupos, pude ver que enfocarse en la historia traumática, en lugar de en las etiquetas que les damos (depresión, ansiedad, adicción, etc.) ayudó a que las personas mejoraran. Desde entonces, me capacité en varias modalidades de tratamiento de trauma, y ayudé a varias agencias y programas a utilizar un modelo de tratamiento basado en el trauma.

Actualmente estoy trabajando en una práctica privada y mi enfoque es en las relaciones y la intimidad. ¿Adivina cuál es el problema más grande que me encuentro? Historia traumática. Esta de metiche en todas partes. Me di cuenta que cuando al explicar todo lo que estaba pasando de una manera simple, mis clientes decían "¡Claro! ¡Eso tiene sentido! "Este libro existe porque nadie más lo había escrito de una manera simple y práctica. Y he visto cómo al entender todo esta mierda, ayuda a que las personas descubran la parte de como mejorar mucho mas rápido.

Puede que esto sea malo para el negocio, pero no creo que la terapia sea necesaria para todos. Espero que todos incluyan algún tipo de trabajo de bienestar en sus vidas, pero cada uno de nosotros tenemos que encontrar el camino que tenga más sentido para nosotros. Algunas personas meditan, algunas personas hacen ejercicio, algunas personas tienen un entrenador de vida y algunas personas consultan con un terapeuta. Algunas personas hacen algo completamente diferente. Y eso está bien.

Porque, oye ... tú dedícate a ti. Sea lo que sea lo que termine siendo, estoy convencida de que todo funciona mejor si entiendes el por qué. Y al final poder hacer las cosas de una forma diferente, cualquiera que sea.

¿PARA QUIÉN ES ESTE LIBRO?

Este libro es para las personas que preguntan "Pero, ¿POR QUÉ?" Todo el tiempo. Las personas que desde niños fastidiaban a los adultos haciéndoles preguntas de como funciona el mundo para entender el lugar que ellos ocupan. Porque el por qué es información realmente necesaria.

Este libro es para todas las personas que por el contrario, odian cuando las personas les dicen qué hacer. Quienes solo quieren las herramientas y la información necesaria para saber qué hacer por sí mismos. Puedes entender todo este rollo por tu cuenta o con un terapeuta estrella que lo último que haría seria decirte que hacer. De cualquier manera, sabes que cuando se trata de esto tu estás a a cargo de tu pinche vida,, porque al fin y al cabo tu eres responsable de todas las consecuencias.

Este libro es para las personas que están hasta la chingada de escuchar o pensar que están locas. O estúpidas. O de hueva. O "demasiado sensibles". O simplemente necesitan "superarse" a si mismas. Quienes están cansados de sentirse mal, pero aún más están cansados de personas que piensan que te gusta sentirte mal. Como si alguien quisiera ser miserable. Como también piensan que te estás negando a mejorar. Como si quisieras ser miserable. Por supuesto que no. Pero has estado estancado, sin saber por qué.

Entonces, este libro se trata del por qué eres miserable para que tú puedas hacer algo al respecto.

¿QUÉ VA A PASAR EN ESTE LIBRO?

Esta bien. Estás pensando: todo está bien, doctora elegante. ¿Cómo va a ayudar este libro? ¿Qué hace a este libro especial y diferente de los otros once mil millones de libros de autoayuda que llenan mis libreros? En este momento soy bien pinche escéptico.

Con razón. Tú deberías de estarlo. Mis libreros también están inundados. Probablemente he leído casi todo lo que tu has leído.

Este libro es diferente, lo juro.

¿Para empezar? Ahí te va un poquito de ciencia. No es ciencia compleja, seca, aburrida como una caja de piedras, sino "Carajo, eso tiene sentido, ¿por qué nadie me lo explicó así antes?" Ciencia. Descubrí en mi práctica privada que NO se necesitan doce años de universidad y doscientos mil dólares de deuda en préstamos estudiantiles para comprender este rollo. En general, puedo explicarte lo que necesitas saber acerca de lo que sucede con el cerebro en aproximadamente cinco a diez minutos (o lo equivalente a páginas escritas, según sea el caso).

¿Segundo? No voy a poner todo este rollo de ciencia mental sobre ti y luego decir "Sí, esto está de la chingada ... que culero ser tu" e irme caminando. Voy a repasar varias recomendaciones prácticas y factibles para mejorar.

No todos tienen tiempo para un retiro de tipo orar, comer, amar (y claro que no estoy celosa ni mucho menos). La mayoría de nosotros tenemos que levantarnos todos los días, lidiar con la vida real y tratar de descubrir cuál es la mejor parte durante ese proceso. El mejorar no significa que no tienes que seguir lavando tu propia ropa sucia. Así que vamos a deschingar este desmadre como estrellas de rock.

¿Sabes por qué? No es una situación sin esperanza. Tu no estás sin esperanza. Sentirte mejor sucede. Si fueras un cliente en mi oficina, estaríamos luchando contra estos demonios y someterlos juntos. Lo mejor es lo que sigue. Y es lo mero bueno que funciona.

¿Tercero? Voy a repasar las diferentes formas de tratamiento que hay. No estoy en contra de medicamentos y de medicina occidental ... PERO si creo que corresponden en su lugar apropiado como una de las muchas otra formas de tratamiento. Cuidado holístico significa toda *la méndiga persona*. Y tenemos que crear un plan que funcione para nosotros. Por ejemplo, mi mejor forma de defensa es comer saludable, ser forzada a hacer ejercicio de vez en cuando, tomar suplementos de hierbas y practicar acupuntura, meditación, masaje y pedicura como parte de mi régimen de bienestar. Y lucharé contra cualquiera *hasta que me duela* (sí, hago referencia a la *Princesa Prometida*) si, tengo creencia de que la pedicura es terapéutica.. Para mi hijo, es fútbol, levantamiento de pesas, ejercicios de cimentación, meditación, un entorno escolar altamente estructurado, retroalimentación neuronal y una combinación de suplementos y medicamentos occidentales. Todos tenemos necesidades únicas. La pedicuras, extrañamente, no están en su lista. Por lo mismo voy a incluir diferentes formas que quizás no hayas oído hablar antes para ayudarte a planear tu propio plan de ataque.

Y a lo largo del libro habrá mini ejercicios que te ayudarán a procesar el trabajo que estás haciendo. No es tarea, no tienes que pasar un examen final. Pero es importante tener forma para procesar todas las cosas que pueden surgir para ti. No voy a dejar que traigas tus vísceras colgando de fuera porque mi libro te quemó las entrañas. No lo uses si no lo necesitas. Pero aquí esta por si lo ocupas.

TOMA ACCIÓN: CHECANDO TU PROPIO TEMPERAMENTO

¿Con qué frecuencia en la vida realmente te han dado permiso para sentir lo que sientes? Mi apuesta es que rara vez o ninguna puta vez.

Este libro se trata sobre cómo trabajar con las estupideces que nos impiden tener las vidas que deseamos, el sentido de vida y la paz que anhelamos. Los tipos de estupideces que llamamos eventos traumáticos. También es para personas que reaccionan con demasiado estrés, ansiedad, dolor, ira, depresión y/o conductas adictivas - todas las habilidades de afrontamiento que desarrollamos para sobresalir en la vida sin tratar de terminarla.

Y eso hace esta lectura estresante. Puede que algunos de estos párrafos te caigan de golpe porque te muestran una verdad fundamental sobre tu vida y experiencia. Y tu cerebro no va a ser feliz con esos sentimientos. Tu cerebro puede decir "A la chingada con este libro" y lo avientas.

Porque usualmente nos dicen que evitemos las emociones negativas. Son malas y deben ser evitadas. Vamos a profundizar el por qué eso es una completa estupidez.

Pero mientras tanto, puede ser realmente útil aprovechar lo que estás sintiendo. Toma tu propia temperatura, por así decirlo. Ten un plan de acción por si se eleva demasiado. Aprenderás más ejercicios que puedes incorporar conforme avances en el libro. Pero empecemos por lo más simple.

En este momento cierra los ojos y observa:

- ¿Qué está pasando en tu cuerpo?

- ¿Qué estás pensando? (Puede que no sean pensamientos reales pero recuerdos de tus memorias pasadas.)

- ¿Qué estás sintiendo en respuesta a eso? Nombra esas emociones. Califica su severidad.

- Ahora, ¿qué notas que está ocurriendo físicamente en tu cuerpo?

- Y, en serio, ¿con qué otras estupideces estás lidiando en tu vida diaria que te ayudan a tolerar la situación o a hacerla peor?

Este ejercicio puede ser muy difícil para ti. Mucha gente no tiene ni la más mínima idea de cómo se sienten. Y eso también está bien. Has sido entrenado para desconectarte de esto. Te dijeron que estaba mal lo que sentiste. Que no lo tenías permitido.

Así que si no sabes ... también reconócelo. Puede que a lo largo del tiempo, al hacer este ejercicio, comiences nuevamente a conectarte con lo que sientes. No saber NO te hace un fracasado en cuanto a libros de autoayuda. Es simplemente información adicional importante sobre donde te encuentras en tu situación actual.

En sí, lo que hace este ejercicio es devolverte todo tu poder para reconocer lo que está sucediendo dentro de ti.

Tienes permiso para sentir lo que sientes.

Aprender a reconectarte con la realidad de tu experiencia te ayudará a tener los recursos que necesitas para avanzar. Porque te lo mereces. Debemos honrar el pasado, debemos recordarlo y debemos respetar lo que nos ha enseñado. Pero no tenemos que seguir viviendo allí. Esa casa se está derrumbando y es tóxica y demasiado pequeña para aguantarte. No es compatible con tu experiencia actual y, esta claro que no se ajusta a tus objetivos a futuro.

PARTE UNO:

ESTE ES TU CEREBRO EN TRAUMA

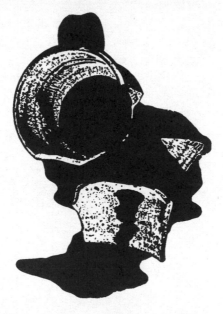

COMO SE CHINGAN NUESTROS CEREBROS

¿Respuesta corta? Trauma.

Este libro es básicamente sobre **trauma**. Y nuestras respuestas traumáticas, las chingaderas de la vida y la actitud jodida de otras personas que nos impiden triunfar en la vida. También se trata de cómo creamos estrategias de afrontamiento para lidiar con esa mentira que los médicos sofisticados llaman ansiedad, depresión, adicción, ira, etc.

Estas estrategias son básicamente parte del complicado proceso de respuesta de tu cerebro después de que las estupideces llegan a tu vida. El cerebro realmente está tratando de hacer su trabajo protegiéndote de la mejor manera que sabe. Pero el cerebro a menudo termina siendo un imbécil y no particularmente útil. Es como tu amigo que se ofrece a golpear a cualquiera que te moleste. Gratificante, pero inútil a largo plazo.

Este libro también se trata sobre **la vida en general y la mala actitud de otras personas**. Las estupideces que podrían no ser traumáticas, por así decirlo, pero que no facilitan nada. Las formas en que manejamos cosas que no son traumas completos, pero que no son gatitos o arco iris, ni mucho menos osos de peluche. Al igual que el trauma, las habilidades de afrontamiento que creamos para

ESTAS situaciones tienden a ser cada vez menos útiles a través del tiempo y simplemente agotadoras.

La buena noticia es que, no importa cuánto tiempo hayas estado atrapado en esta arena movediza, PUEDES reconfigurar tu respuesta y deschingar tu cerebro.

Tenemos una tendencia a separar la salud mental de la salud física. Como si no se afectaran entre sí en una retroalimentación continua, o algo así.

Las cosas que aprendemos sobre el cerebro en general se encuentran en la categoría de "salud física".

Los pensamientos, sentimientos y conductas caen bajo la categoría de "salud mental". Entonces, ¿dónde encaja este pensamiento y sentimiento en nuestro cuerpo? Nuestra mente parece ser este globo de helio flotando sobre nuestras cabezas en todo momento. Quizás podemos aferrarnos a la cuerda pero en realidad no es parte de nosotros (aunque todavía somos responsables de todo esto).

La imagen de un cerebro sin cuerpo no es útil. No tiene sentido alguno.

Y lo que realmente sabemos sobre el cerebro es esto: al menos algo vive en nuestro estómago. Ahí residen microorganismos únicos que se comunican de manera continua con nuestros cerebros reales (a través del eje intestino-cerebro ... esto en verdad existe) hasta el punto de que se le denomina segundo cerebro. Uno que juega un papel vital en guiar nuestras emociones. ¿Alguna vez has tenido una reacción visceral? Sí, eso es una cosa real.

Es decir, en lugar de ser una cosa que apenas nos ata y nos mete en problemas todo el tiempo, nuestra mente se encuentra en lo profundo de nuestro cuerpo, actuando como un centro de control, absorbiendo toneladas de información y decisiones antes de que nos demos cuenta de que es necesario tomar una decisión.

Nuestros pensamientos, sentimientos y comportamientos vienen de AQUÍ. Están arraigados profundamente en nuestros cuerpos físicos, en la forma que nuestros cerebros perciben el mundo que nos rodea, en base a experiencias pasadas e información actual. Así que, decir que saber lo que está pasando en tu cerebro y cómo funciona todo ese rollo, puede ser la barbaridad mas grande de la década. Cuando en verdad entendemos todo eso, cuando tenemos en cuenta el funcionamiento del cerebro y nuestras experiencias pasadas, vemos que la forma en que interactuamos con el mundo que nos rodea es completamente normal. Si todo va bien y el aterrizaje es suave, no notamos ningún problema. ¿Pero cuando tenemos un aterrizaje brusco? Cuando el control del tráfico cerebral no maneja sus estupideces adecuadamente, vemos los efectos:

• Perder el control por completo

• Evitar las estupideces importantes que necesitamos atender

• Sentir enojo todo el tiempo

• Ser un idiota con las personas que nos importan

• Poner basura en nuestros cuerpos que sabemos que no es bueno para nosotros

• Hacer pendejadas que sabemos que son tontas o inútiles o destructivas

Ninguna de estas cosas es útil, desgraciadamente. Pero todas tienen sentido. Mientras navegamos por el mundo, suceden cosas desagradables. El cerebro almacena información sobre la basura desagradable para tratar de evitarla en el futuro. Tu cerebro se ha adaptado a las circunstancias de tu vida y ha comenzado a hacer cosas para protegerte, bendícelo. A veces estas respuestas son útiles. A veces las respuestas se convierten en un problema más grande que el problema real. Tu cerebro no está TRATANDO de chingarte (aunque a veces lo haga).

¿Incluso si no estás tratando con un trauma específico? Las estrategias de afrontamiento adaptativas, los malos hábitos y los comportamientos raros se conectan de manera similar. Y la investigación demuestra que estos problemas son en realidad algunos de los más fáciles de tratar en terapia ... esto es si abordamos lo que realmente está sucediendo, en lugar de solo los síntomas.

Descubrí que una de las cosas más útiles que hago como terapeuta es explicarte qué está sucediendo dentro del cerebro y cómo el trabajo que hacemos en terapia está diseñado para reconfigurar nuestras respuestas a ciertas situaciones.

Las estrategias en las que trabajamos en terapia (y las estrategias y habilidades que las personas descubren por sí mismas) están diseñadas para conectar el cerebro de nuevo y procesar la información sin provocar algún tipo de reacción exagerada. Esta reacción exagerada es la forma en que nuestro cerebro se adapta y nos protege cuando percibe una situación como una amenaza ... por lo que estamos preparados para hacer lo que sea necesario para mantenernos vivos. El cerebro de batalla se ACTIVA. Incluso si el "enemigo" es solo un tipo raro junto a ti en la biblioteca que no tiene idea que te acaba de provocar una reacción.

Si podemos recuperar el control, entonces podemos responder a estas amenazas percibidas de la manera más segura y racionalmente posible.

Déjame explicar lo que quiero decir con eso.

CEREBRO 101

Entonces, si alguna parte del libro es complicada, es esta parte. Porque los cerebros son bien pinches complicados. Pero esta parte solo será tan complicada como sea absolutamente necesaria para explicar las estupideces que quieres saber sobre lo que está sucediendo. Así que quédate conmigo, nosotros podemos.

La corteza prefrontal (la llamaremos CPF), esencialmente la parte frontal de tu cerebro, es la parte que está a cargo del **funcionamiento ejecutivo**, que incluye la resolución de problemas, los comportamientos orientados a objetivos y el manejo de las interacciones sociales según las expectativas de lo que es "apropiado". Esencialmente, la función ejecutiva es simplemente pensar.

Esta casi detrás de tu frente (tiene sentido con su nombre, ¿verdad?). Esta es la parte del cerebro que evolucionó recientemente, y es la parte que nos distingue de otras especies. Esta es la parte del cerebro que está a cargo de recibir información del mundo y de administrar nuestros pensamientos y acciones acorde.

La corteza prefrontal es también la parte que tarda más en desarrollarse a medida que crecemos. No está a plena capacidad hasta que tengamos alrededor de 20 años. Eso no significa que no existe en niños, adolescentes y adultos jóvenes. Y seguro que no significa que tienes un pase gratis para hacer estupideces si eres más joven. Pero sí significa que toda nuestra conexión cerebral crea redes de comunicación nuevas y más complejas, nuevas vías de comunicación, a medida que envejecemos y nos volvemos más sabios. Y si todo va bien, la CPF sigue funcionando mejor y mejor, un beneficio del envejecimiento.

Sin embargo, aférrate a *si es que todo va bien* para mí.

Así que la corteza prefrontal es la parte que está técnicamente a cargo.

Y la corteza prefrontal está, obviamente, muy conectada con el resto del cerebro. La parte ventral (que es solo, ya sabes, la parte trasera del la CPF ... el botín CPF, por así decirlo) está directamente vinculada a una área completamente diferente del cerebro ... la parte que almacena las emociones (más sobre ese caos mas adelante). Además, toda la CPF recibe retroalimentación de los sistemas de activación del tronco cerebral (no te preocupes, más sobre esto también más adelante).

Por lo tanto, cualquier información que se envíe a la CPF desde estas otras partes del cerebro afecta todo el pensamiento. Hay un región de la CPF llamada la corteza cingulada anterior. El trabajo de esta región es negociar el diálogo entre la CPF (cerebro de pensar) y el sistema límbico (cerebro de sentir). La corteza cingulada anterior (CCA) administra la conversación en el cerebro entre lo que sabemos y lo que sentimos ... y luego hace sugerencias sobre lo que debemos hacer con respecto a todo este rollo.

Y nuestra conexión en esa área esta bien rara. Las células cerebrales aquí se llaman neuronas del huso ... son supermodelos largos y estirados en lugar de cortos y peludos como en cualquier otro lugar. Estas chingaderitas traen buen equipo, para arrancar. Envían señales mucho más rápido que el resto de las neuronas, por lo que se encuentra con una respuesta emocional rápida.

¿Por qué esos y por qué ahí? Solo los humanos y los grandes simios tienen neuronas fusiformes.

Muchos científicos piensan que son parte de nuestra evolución hacia una cognición superior.

Para pensar más, tenemos que sentir más. Y luego considerar ambas al tomar decisiones. Las emociones son tan importantes para nuestra supervivencia como los pensamientos. Ya estás viendo a dónde voy con esto.

LA ESTÚPIA AMÍGDALA
¿POR QUÉ MI CEREBRO ES UN ENORME CAOS EN LLAMAS?

¿Entonces esa parte media del cerebro que mencioné? ¿La parte haciendo el tango con el botín CPF? Ese es el sistema límbico. Esta parte está enterrada un poco en los pliegues del cerebro, detrás de la CPF. Si la CPF hace la parte del pensamiento, el sistema límbico hace la parte de las emociones y muchas de esas emociones tienen que ver como almacenamos memorias.

La amígdala y el hipocampo son dos partes clave del sistema límbico. La mayor parte de lo que ahora sabemos sobre cómo el trauma afecta el cerebro está relacionado con la investigación sobre la amígdala. El trabajo de la amígdala es relacionar los recuerdos con las emociones. Correcto. Pero, para ser más específica, se ha encontrado que la amígdala almacena solo un tipo específico de memoria, no todas. A la amígdala no le importa una carajo dónde dejaste las llaves de tu auto. La función de la amígdala es encargarse de la memoria autobiográfica episódica (MAE). Básicamente este es el almacenamiento de conocimiento basado en eventos. Tiempos, lugares, personas. No la receta de pudín de banana de tu tía abuela. Tus historias sobre el mundo y cómo funciona. Las estupideces que te pasan.

Entonces, ¿por qué carajos es tan importante? Los recuerdos episódicos se almacenan en el hipocampo como nuestras historias, nuestra interpretación de los eventos con nuestras respuestas emocionales asociadas a ellos. Estos son recuerdos que están ligados a reacciones emocionales importantes. Si algo pasó en tu vida que fue realmente importante para ti, las emociones ligadas a esa memoria se adhieren como el pelo de gato o la estática. Entonces, cuando tengamos una respuesta emocional en el futuro, la amígdala extrae inmediatamente este archivo MAE para decidir cómo responder.

Lo que se quema junto, se derrite junto.

Imaginate que recibiste flores. Las flores son hermosas, ¿verdad? Claro ... si tus recuerdos de recibir flores son felices. Tal vez tu pareja te regaló flores una vez y luego te propuso matrimonio. En este caso, cada vez que recibas, veas o huelas flores vas a tenir sentimientos lindos.

Pero digamos que te dieron flores cuando un ser querido murió de forma terrible y de repente. Una persona te mando flores porque sabia que estabas triste; y ahora incluso el olor de las flores te marea.

La amígdala había convertido la memoria de las flores en una nemotécnica real para ciertas emociones. Una nemotécnica como RNA V AIV para recordar los colores del arco iris o "Mi Sol Siempre

Reluce Fabuloso" para recordar el orden de las notas musicales. Carajo, no se me ha olvidado lo que aprendí en la primaria.

El trabajo de la amígdala es asegurarse de no olvidar las cosas que son importantes. Recordar lo importante es bueno. Nadie se queja de buenos recuerdos. Pero recuerdos constantes de malas memorias puede ser fastidioso.

Fastidia porque la amígdala no discrimina realmente bien, especialmente cuando trata de protegerte. Te chingó asimilando las flores con la muerte. Y luego estás caminando por la calle en un día de primavera y hueles las flores que florecen en el jardín de tu vecino, y de repente sientes que has perdido la cabeza, porque aunque tu cuerpo todavía está en el jardín de tu vecino, tu cerebro está de vuelta en el funeral de tu ser querido.

LUCHA, HUYE, O PARALÍZATE.... ES EL TRONCO ENCEFÁLICO!

Y eso nos lleva a la última parte de nuestra plática del cerebro, donde hablamos de una parte final del cerebro: el tronco encefálico.

El tronco encefálico es la base del cerebro (tiene sentido, ¿verdad?). Es la primera parte del cerebro que se convierte en ser, y la parte que se adhiere a las vértebras en nuestro cuello y espalda. Has visto cómo el cerebro se ve como una masa compilada de pasta cocida, ¿verdad? Esta es la parte del cerebro que comienza a desenredarse del resto de los fideos, se endereza un poco y pasa a ser la médula espinal.

El tronco cerebral es nuestra herramienta fundamental de supervivencia. Mientras que los músculos cardíacos regulan las necesidades básicas, como *la inhalación y exhalación, y el corazón bombeando pump pump pump* durante todo el día, el tronco encefálico controla la frecuencia, la velocidad y la intensidad. Así que aumenta durante un ataque de pánico, por ejemplo. Porque, PONATENCIÓNNOSPODRÍAMOSESTARMURIENDO. Tu sabes, las cosas importantes.

¿Estar alerta, ser consciente, ser consciente de nuestro entorno? Trabajo de tronco encefálico.

Entonces, cuando el tronco encefálico dice "AH AH AH CARAJO" o "Peligro!", en realidad está inundando la corteza prefrontal con un montón de neuroquímicos que cambian el funcionamiento de la CPF.

El tronco encefálico puede ser un JODÓN , pero está a cargo de muchas cosas.

Cuando el tronco encefálico detecta el peligro, las acciones del comportamiento de la corteza prefrontal se convierten en LUCHA, HUYE, O PARALIZATE.

Luchar es MORDERLOS ANTES DE QUE TE MUERDAN.

Huir es LÁRGATE DE AQUÍ, ESTO NO ESTA SEGURO.

Y Paralizar es SI TÉ HACES EL MUERTO Y NO RESPONDES PARA NADA A LO MEJOR TODO ESTO DESAPARECE.

No me malinterpretes ... estos son cuidados esenciales de supervivencia cuando algo peligroso está sucediendo. Son indispensables para nuestra supervivencia. Todo este proceso es nuestro sistema de transmisión de emergencia junto con zumbidos electrónicos de fondo.

La corteza prefrontal agarra cierta información externa. La amígdala dice ¡RECUERDO ESTO! ¡LA ÚLTIMA VEZ QUE PASÓ DOLIÓ! ¡NO ESTA PADRE QUE DUELA! Y el tronco encefálico le dice a la corteza prefrontal ¡LÁRGATE DE AQUÍ! ¡NO NOS GUSTA EL DOLOR!

Entonces decimos "¡Ahí nos vemos, situación amenazante, tengo que pelarme!" O luchamos de regreso. O nos paralizamos y jugamos al muerto a esperar que la situación pase. Todo tipo de cosas se pueden sentir amenazantes ... como un examen final o una estúpida fecha límite de trabajo. Pero una respuesta de DIOS MIO ESTOY A PUNTO DE SER DEVORADA POR UN DINOSAURIO no es necesaria. Excepto que el tronco encefálico evolucionó para evitar ser un bocadillo de dinosaurio y NO para lidiar con el montón de estupideces y con las personas que golpean los talones de tus pies con sus carritos en el súper (sin embargo, podrías argumentar el punto de vista de que ellos son mas inútiles que dinosaurios hambrientos).

¿DECIR TODO AL MISMO TIEMPO? TENEMOS CEREBROS NARRATIVOS

Todos entendemos esto hasta cierto punto, creo. Es decir, la idea de que los seres humanos son cuentacuentos; Pero solo hasta cierto punto. Porque realmente no hablamos sobre el hecho de que esta es una función real, evolutiva. Parcialmente porque se trata de una investigación bastante nueva y también porque es un poco extraño si lo piensas.

No solo contamos historias porque queremos ... TENEMOS qué. Es un impulso humano biológico. De hecho, estamos tan programados para contar historias que incluso lo hacemos mientras dormimos. Por eso soñamos.

El cerebro tiene un modo predeterminado. Básicamente todo tiene un modo predeterminado, ¿verdad? Algún tipo de estado de reposo. Un interruptor de luz apagado está en modo predeterminado. Cuando enciendes la luz, la activas.

Cuando el cerebro se activa, es para concentrarse en algún tipo de entrada externa. Un problema a resolver, alguien a quien atender, algo que debe hacerse que requiere una concentración consciente. El resto del tiempo, el cerebro está en modo predeterminado. Despierto y consciente, pero generalmente descansando.

Los investigadores han podido hacer un mapa del cerebro en modo predeterminado ... y aquí es donde se pone realmente interesante. El cerebro en modo predeterminado es el cerebro cuentacuentos.

Nuestro cerebro en estado de reposo es cuando contamos cuentos. Te aseguro que te has descubierto haciendo esto. Estás manejando a casa. No tienes que enfocar tu atención, conoces esta ruta tan bien que no estás realmente pensando en eso. ACTIVA modo cuentacuentos. Te estás contando una historia sobre lo que vas a cocinar para la cena, lo que vas a ver en la televisión, o los mandados que tienes que hacer. Estas conversaciones no son listas de recordatorios ... tu realmente recorres la historia de tu plan.

Un cerebro narrador es bueno la mayor parte del tiempo.

• Las historias casi siempre son repasos de eventos de la vida, lo que las hace muy útiles es si estamos practicando una nueva habilidad.

• Las historias nos permiten almacenar grandes cantidades de información que de otra forma no podríamos. La CPF está diseñada para contener aproximadamente siete datos (más o menos dos). Tratamos de hacer malabares con más de eso, comenzamos a eliminar cosas de la lista. Sin embargo, las historias nos ayudan a mantener mucha más información porque crean vías para recordar mucho más de lo que podríamos.

• Las historias son nuestro principal modo de comunicación con los demás. Según el investigador Lewis Mehl-Madrona, MD, PhD, estas son las vías neuronales de nuestro cerebro colectivo y cultural. No es solo la forma en que guardamos la información, sino como la compartimos afuera.

Pero claramente el cerebro narrador también tiene la capacidad de ser un problema grave. Comenzamos a contarnos (y creer) ciertas historias sobre nosotros mismos y el mundo que nos rodea. Nuestros cerebros están programados para anhelar certeza. QUEREMOS ver patrones en lo que sucede para poder tomar mejores decisiones sobre el mundo y cómo debemos mantenernos a salvo en él. Los cerebros son unos obstinados hijos de la chingada que ya tienen una historia que han elaborado sobre lo que es real y verdadero acerca del mundo.

Lo has visto ¿verdad? Independientemente de las pruebas en contra de lo que alguien vea, están estúpidamente decididos a seguir su decisión. Es por eso que las elecciones pueden ser tan estúpidamente locas. O la gente pierda una fortuna en un casino. El cerebro emocional toma una decisión por nosotros y el cerebro pensante tiene que luchar para encontrar una razón.

Los cerebros racionalizarán el más mínimo detalle de cualquier cosa.

SÍ, PUEDES REENTRENAR TU CEREBRO

Los cerebros son pequeños idiotas adaptables, y seguro que los puedes volver a entrenar. ¿No me crees? Pues deberías. Soy una doctora de lujo. Pero si eres uno de esos "¡Me vale tu título, quiero pruebas!", Ve a YouTube y busca "Lumiere Brothers Arrival of a Train". Es solo un video de 45 segundos. Aquí te espero.

Así que imagínate esto: París. 1895. Estos hermanos fueron los pioneros de la fotografía que presentaron la primera "imagen en movimiento" al público en una exposición de arte. Estaban entusiasmados con su proyecto ... pero no obtuvieron la respuesta esperada. En cambio, los espectadores se cagaron, y todos gritaron de terror y se escondieron bajo los asientos. Todos y cada uno de ellos.

La forma en que el cerebro percibía la información les decía a todos: "¡A PUNTO DE SER ATROPELLADO POR EL TREN, SALTE DE LAS VÍAS!"

Porque sí. Los trenes eran peligrosos y las imágenes en movimiento de los trenes no existían hasta ese momento. Sus cerebros percibían el tren como una realidad en lugar de una película. Cuando viste esto, ¿tu cerebro se asustó? Obvio, no. Ya sabes lo que es una película. Tus mecanismos neuronales han sido entrenados para entender el tren representativo a comparación del tren literal.

Y ahora tu cerebro necesita aprender peligro real a comparación de peligro percibido. Recuerda que el cerebro de todos tiene problemas con la diferenciación, especialmente cuando se trata de sobrevivir. Como el niño pequeño que llama perritos a todos los animales hasta que aprende que también hay caballos, y gatitos, y llamas, y grandes tiburones blancos. El cerebro anda por ahí gritando PERRITO PERRITO PERRITO todo el pinche tiempo.

Es decir, tu cerebro está asumiendo peligro hasta ser convencido de lo contrario. La amígdala no confía en la interpretación de la CPF en este momento. En el momento en que la CPF piensa "mmm, ¿animal?", La amígdala agarra la palanca de control de la CPF mientras grita PEEERRRITOOO.

Eso es mucha metáfora mixta. Lo siento por eso. ¿Versión simple? Tenemos que hacer que la CPF vuelva a estar a cargo. Dale la oportunidad de decidir si es un perrito real o algo más. Tenemos que convencer a la CPF y la amígdala de relajarse y hacer sus respectivos trabajos, lo que significa trabajar JUNTOS.

ES OFICIAL. NO ESTÁS LOCO. LO DICE UNA DOCTORA.

Sí, eso fue mucha mierda de lectura sobre el cerebro pero esta mierda es importante. Porque significa que lo que estamos haciendo, lo que estamos pensando y cómo nos sentimos *tiene sentido*.

Ya sea que te encuentres a la defensiva y luchador como un idiota, enloqueciendo sin control, o completamente desconectado y desasociado, es tu modo de supervivencia la que está respondiendo. El problema es cuando esto sucede durante situaciones que no son realmente emergencias que amenazan la vida. La amígdala ha secuestrado tu capacidad para manejar la situación de una manera racional utilizando la corteza prefrontal.

No es un tipo de pensamiento "*A ver investiguemos esta situación, tengamos conversaciones racionales y luego determinemos cómo*

queremos responder en función de lo que mejor nos beneficiará a largo plazo". Tu amígdala gritó "¡AGÁCHATE Y CÚBRETE!" Y todas las respuestas racionales salieron por la ventana.

Pensar en agacharte y cubrirte no es nada malo en lo absoluto. Es el tipo de pensamiento que necesitamos cuando escuchamos disparos o sirenas de tornado. Queremos anular nuestro funcionamiento ejecutivo si accidentalmente tocamos una estufa caliente. Si no lo hiciéramos, eso significaría que mientras nuestra mano se está quemando, estamos teniendo una deconstrucción intelectual de la experiencia mientras nuestra amígdala y nuestro tronco encefálico están gritando.

Asesinato sangriento en el fondo. Esta no es una pelicula posmoderna de cine experimental. Así es la vida. Queremos un cerebro cuyo trabajo sea mantenernos vivos, ¿verdad? No solo recordar nuestra combinación de casilleros de 6º grado y todas las letras de nuestras canciones favoritas.

Pero en el proceso, también nos protege de todo lo que PERCIBE como peligro, no solo peligro REAL. Nuestra capacidad para discriminar entre peligro real y peligro percibido es un sistema imperfecto. El cerebro va a errar por el lado de la precaución, incluso si eso significa que se apaga cuando en realidad no es necesario.

Digamos que solo está tratando de hacer el mandado, pero caminando a través del departamento floral, tu cerebro dice "¡FLORES! ! ¡ABORTAR LA MISIÓN! "Y estás en un ataque de pánico total, corriendo fuera de la tienda antes de que te desmayes. Y todavía no tienes la mugre comida para la cena.

Y tu estas como *"Maldición, era eso solo el departamento de flores. Solo unos claveles y rosas. Nadie murió, y ahora estoy otra*

vez atascándome unos fideos ramen". O tal vez ni siquiera estás
seguro de por qué perdiste la cabeza y estás pensando" Maldita sea
conmigo, ¿tiene que haber 50 lados de locura?"

¿Esa parte racional? ¿La parte de "solo son claveles y rosas, no te alteres"? Eso requiere **discriminación de estímulo**.

Ya sabes. *La capacidad de decidir si algo es realmente un problema o no.*

La discriminación del estímulo es un proceso lógico, no una cosa de emociones. Lo que significa que sucede en la corteza prefrontal, y una vez que el tronco encefálico entra en modo de pánico, es muy difícil hacer que la corteza prefrontal vuelva a funcionar. Pero nosotros podemos hacerlo. Y vamos a hablar sobre cómo volver a entrenar a nuestro cerebro para que responda de manera que se adapte mejor **a la vida tal como es ahora** en lugar de **como fue la vida en el pasado**.

Nuestra respuesta de discriminación de estímulo se basa en todas nuestras experiencias y hábitos pasados, y esa respuesta está aún más aferrada si esas experiencias fueron traumáticas. Si un estímulo está unido a una memoria fuerte, el cuerpo comienza a disparar hormonas y neurotransmisores para prepararse para la respuesta. Los cerebros realmente no tienen nuevos pensamientos, sino diferentes configuraciones y combinaciones de viejos pensamientos.

Esta es la razón por la cual un veterano militar puede asustarse al ver basura al lado de la carretera, después de estar en Irak y conducir por áreas repletas de artefactos explosivos improvisados.

Es por esto que una persona que fue maltratada puede enloquecer al oler un cierto aroma que asocia con su abusador.

El cerebro conoce su historia. Ha sido entrenado para hacer todo lo posible para mantenerse a salvo. Está creando historias sobre su experiencia actual o posibles experiencias futuras basadas en información pasada. No se da cuenta o no confía en que realmente tú ESTÁS seguro.

TOMA ACCIÓN: DESENCADENANTES

Lanzamos la palabra desencadenante en internet como si fuera un méndigo confeti o algo así. Pero un factor desencadenante, en este contexto, simplemente significa la parte causante de una situación de tipo causa-efecto que está sucediendo.

A veces sabemos directamente cuáles serán nuestros desencadenantes. Por ejemplo, la ansiedad puede ser el maldito gremlin en tu espalda. Tu puedes saber que una primera cita, un compromiso para hablar en público, o una reunión con tu jefe hará que tu ansiedad suba hasta del techo. O un viaje por carretera en el que no puedas encontrar una parada de descanso con un baño limpio y no te cause ansiedad (debería de haber una aplicación para encontrar baños limpios).

¿Pero a veces? Ni una mugre pista. Al igual que todos los demás problemas de salud mental, podemos tener una predisposición genética a ciertas respuestas y/o puede ser un producto del entorno en el que crecimos o vivimos ahora. Y eso puede hacer que nuestra búsqueda de desencadenantes específicos sea difícil.

La próxima vez que empieces a sentirte en modo de Expulsión, hazte estas preguntas. Después, cuando te calmes, escribe las respuestas:

- ¿Qué emoción específica sentiste?

- En una escala de 0-100%, ¿cómo calificas esa emoción?

- ¿Cuáles fueron los síntomas específicos que sentiste (tu respuesta emocional)?

- ¿Qué más estaba pasando cuando te pego la emoción? Solo escribe todo lo que estaba pasando, no importa que tan común sea. Porque, los patrones a lo largo del tiempo es la forma en que determinamos nuestros desencadenantes. Otro método es mantener un diario de seguimiento de estado de ánimo (ya sea una aplicación o un cuaderno). Hacer esto se siente como mucho trabajo, pero realmente puede ayudarte a descubrir tus factores desencadenantes hasta que aprendas a hacerlo mentalmente a lo largo del día. Aquí hay una guía rápida sobre cómo hacer un diario de seguimiento de estado de ánimo. Puedes descargar una copia para imprimir en *FaithGHarper. com*:

SEGUIMIENTO DE ESTADO DE ÁNIMO	¿ESTOY DE MAL HUMOR... NO VALGO NADA?			
	ESTADO DE ÁNIMO	SITUACIÓN	GRAVEDAD (0-100)	SÍNTOMAS
DOMINGO				
LUNES				
MARTES				
MIÉRCOLES				
JUEVES				
VIERNES				
SÁBADO				

¿CÓMO EL TRAUMA RECONECTA EL CEREBRO?
OKEY, SEÑORA, ¿QUÉ CARAJOS QUIERES DECIR CON TRAUMA?

Un **trauma** es un evento que ocurre fuera de nuestra comprensión de cómo se supone que funciona el mundo. Una **respuesta traumática** es cuando nuestra habilidad para poder afrontar lo que pasó se va al carajo y esta afectando otras áreas de nuestra vida.

Hay muchas cosas que pueden actuar como un trauma. Para ser honesta, hay muchas cosas que son profundamente traumáticas para muchas personas que realmente no son consideradas por nuestros manuales de diagnóstico. Es una de las cosas que me encabronan, porque luego hacen que las personas se sientan avergonzadas de que su trauma no fue lo suficientemente traumático como para justificar la atención. esas son pendejadas. ¿Poniendo términos y definiciones de lujo a un lado?

Un trauma es una situación de "¿Qué carajos fue ESO?" Un trauma puede ser un accidente, una lesión, una enfermedad grave, una pérdida … **o cualquier tipo de evento de la vida que te mete un chingazo.**

¿Pero al final? Todos experimentamos el trauma de manera diferente, y somos impactados por demasiadas cosas para enumerarlas. Crear una lista que solo toque las categorías "diagnosticables" omite otras experiencias que no deben ser descartadas.

Según una estimación, aproximadamente la mitad de todas las personas en los EE. UU. experimentarán un trauma diagnosticable, aunque estudios recientes lo tienen en alrededor del 75%. Y aproximadamente 7 u 8 de cada 100 personas tendrán trastorno de estrés postraumático en algún momento de sus vidas. Y eso son solo traumas diagnosticados. Las "reglas" oficiales para diagnosticar una reacción de trauma son bastante limitadas, lo que significa que yo considero que el número es mucho más alto que el 8%.

Haber sufrido abuso de chico es un trauma que todos reconocemos, por ejemplo. Pero haber lidiado con una horrible intimidación no es necesariamente un trauma reconocido ... aunque muchas personas se han suicidado porque fueron intimidadas. Así que no hay lista. Porque el trauma no se trata marcando la casilla derecha en la categoría correcta. ¿Entonces? Por favor, créeme cuando te digo que *tus experiencias y reacciones son válidas y reales y que mereces atención y la oportunidad de sanar.*

Porque no sabemos por qué algunas cosas son peores que otras para algunas personas. Sé que es una idea muy extraña, pero cada persona es diferente. Las vidas, historias y experiencias de cada persona son diferentes. Y nuestras predisposiciones genéticas son diferentes.

Y luego, que tal esto: ahora incluso sabemos que el trauma puede crear cambios genéticos que pueden transmitirse de generación en generación. Si tienes un bisabuelo, abuelo o padre con un historial de traumas graves, tienes una respuesta diferente a la de alguien quien tenía familiares sin mucho drama en la vida. Así que no solo nuestros genes influyen en nuestras reacciones de trauma, nuestras reacciones de trauma influyen en nuestros genes.

¿En serio, el cerebro humano? Ahora si no te creo nada.

En un nivel físico, respuesta traumática = Amígdala Secuestrada.

Y hay diferentes niveles de intensidad dentro de esa respuesta de la amígdala. A veces no estamos en un modo de trauma total, pero seguimos notando algunos patrones y hábitos extraños en nuestro pensamiento y comportamiento. Tal vez no estas en el modo enloquecido, pero CARAJO, controlarte quita más energía de la que deberías. Nadie tiene tiempo para dedicarse al esfuerzo concentrado de mantener su desmadre bajo control durante meses y años.

¿Versión corta? Todos tenemos nuestros lugares frágiles y todos somos susceptibles. Pero por alguna razón, a veces mantenemos todo bajo control y otras veces perdemos la cabeza. ¿Qué pasa con eso?

¿CÓMO NUESTROS CEREBROS MANEJAN EL TRAUMA?

¿Sabes cuales son las cosas más grandes que nos pasan? ¿Las cosas que creemos que son las más horribles? Estos terribles eventos no siempre causan una respuesta traumática a largo plazo.

Alrededor de dos tercios de las veces, cuando vivimos un trauma, nuestros cerebros en realidad no entran en modo imbécil. Eso significa que la mayoría del tiempo eventualmente podemos encontrar una manera de darle sentido al trauma y recuperarnos de él sin tener grandes consecuencias a largo plazo. Esto no significa que no te haya pasado algo de la chingada. Simplemente significa que pudiste encontrar tu camino a través de la experiencia sin secuestrar a la amígdala a largo plazo.

En un mundo perfecto, cosas malas no sucederían. Ah! Si. Buena suerte a todos nosotros con eso. El segundo mejor escenario es que cuando sucede algo de la chingada, nos agachamos y cubrimos y salimos ilesos. Y honestamente, lo hacemos la mayor parte del tiempo. Ve hacia atrás todo el desmadre que tuviste que manejar en tu vida que no crearon un épico cerebro loco con el tiempo.

No es que fuera una recuperación inmediata y perfecta, ¿o si?

La mayoría de las veces, **se necesitan aproximadamente tres meses para restablecer el equilibrio después de un trauma.** Es decir, después de aproximadamente 90 días, nuestros sensores emocionales ya no funcionan en velocidad modo híper destructiva y vuelven a la normalidad.

Usar la palabra normal es una completa estupidez, por supuesto. Claro que, no es realmente normal, no importa lo bien que te recuperes. Los traumas nos cambian para siempre. Así que llamarla normal es una *nueva normal*, en ese sentido. Encontramos una manera de vivir y hacer frente a la situación que ocurrió, la pérdida del mundo que había sido y la aceptación de lo que es ahora. Todavía tenemos sentimientos alrededor de lo que sucedió, sentimientos que tal vez nunca desaparezcan por completo. Pero nuestra amígdala no está tan descontrolada sobre la situación después de unos meses. Modo secuestro, desactivado.

Pero aproximadamente un tercio del tiempo, después de un trauma, no nos recuperamos a una nueva normalidad. Tenemos una respuesta de trauma en su lugar. Y desarrollamos TEPT: trastorno de estrés postraumático.

¿Qué es el TEPT? El diccionario de Oxford define el trastorno de estrés postraumático como:

"Una condición de estrés mental y emocional persistente que se produce como resultado de una lesión o un shock psicológico grave, que generalmente involucra la alteración del sueño y el recuerdo vivo y constante de la experiencia, con respuestas insensibilizadas a los demás y al mundo exterior".

Buena definición. Una de lujo ¿Pero la versión no atractiva? **El TEPT es una recuperación fracasada de un evento traumático**. Y el TEPT es un maldito DEMONIO.

El Centro Nacional para el TEPT (VA.gov) ha juntado investigaciones en respecto al tema. ¿Qué te hace más susceptible a pasar por un TEPT? Muchos de los signos que encontraron tienen bastante sentido:

• Estar directamente expuesto como víctima o como testigo presente

• Presenciar algo demasiado severo, o la persona quedo gravemente herida como consecuencia del incidente

• Traumas de larga duración

• Haber creído que tú o alguien que amabas estaba en peligro y sentirte incapaz de proteger a otros o a ti mismo

• Haber tenido una respuesta física o emocional severa durante la situación traumática

Nuestros antecedentes también nos pueden hacer más susceptibles a responder a un trauma, así como:

• Haber tenido otros traumas a temprana edad.

• Tener otros problemas de salud mental o tener familiares con problemas de salud mental.

• Tener poco apoyo de familiares o amigos, ya sea por tener pocas personas o estar rodeado de personas que no entienden tu experiencia.

• Haber tenido cambios estresantes en la vida recientemente, o haber perdido recientemente a un ser querido.

• Ser mujer o ser parte de un grupo cultural minoritario (porque, para empezar, estadísticamente eres más propenso a experimentar un trauma)

• Estar usando sustancias que alteran la mente como las drogas o el alcohol.

• Ser joven

• Tener menos educación

• Venir de un grupo cultural o sistema familiar donde hay pocas probabilidades de hablar de problemas.

Ahí no hay sorpresas, no lo creo. Pero el último punto en esa lista es FUNDAMENTAL. Vuelve a leerlo. Cuando hablamos de las cosas, mejoran.

¿Pero por qué? ¿Por qué algunas personas y no otras? ¿Cuál es la ciencia del cerebro que esta detrás de todo esto?

No se trata tanto de la naturaleza del trauma. O la severidad de ello. O incluso sin duda una función de nuestras conexiones y nuestras experiencias. Por supuesto, esas cosas tienen un impacto en nuestra capacidad de curar. Pero si fuera así de fácil, podríamos crear un diagrama de flujo anticipatorio que nos ayude a determinar quién desarrollará TEPT y quién no. Pero no podemos, porque la forma en que nos curamos tiene todo que ver con nuestro presente y futuro cercano como con nuestro pasado.

La investigación muestra que cuando no podemos llegar a una nueva normalidad, es porque la capacidad del cerebro para procesar la experiencia se interrumpe durante los primeros treinta días después de que el trauma ocurrió. Es por esto que el TEPT no se puede diagnosticar en el primer mes. Aún no sabemos si vamos a poner nuestro desmadre en orden o no.

Esos primeros treinta días son críticos. Necesitamos tiempo y espacio para recuperarnos, para procesar lo que sucedió, para encontrar maneras de darle sentido a cómo queremos que funcione el mundo y nuestra experiencia de cómo se desarrolla realmente la vida. En este tiempo, necesitamos apoyos relacionales. Nuestros cerebros están programados para conectar, y mejoramos al conectar con otras personas.

No tener este tiempo ni estas conexiones indica una alta posibilidad de que nos dirigimos a tener respuesta traumática.

Y no tener el tiempo, o a las personas, sucede por muchas buenas razones.

Verás, en general, los traumas no son experiencias independientes. El trauma suele ser complejo y continuo. Por ejemplo, las personas que están en relaciones abusivas saben que los abusos rara vez ocurren una sola vez. La violencia es cíclica y continua. Si sirves en el servicio militar o trabajas en una profesión de alto riesgo, vives cosas terribles con regularidad y sabes que pueden ocurrir en cualquier minuto del día que sea. El trauma nos pone en modo de supervivencia durante los primeros treinta días. Y los traumas pueden llegar tan rápidos y furiosos que no tenemos un momento para detenernos y respirar. Así que nuestros cerebros detienen el proceso de la experiencia traumática para que podamos continuar sobreviviendo.

El cerebro en realidad está siendo un buen protector cuando dice "¡Todavía estamos en el hoyo y no podemos lidiar con este desmadre en este momento!"

A veces no se trata de un trauma continuo, sino de las exigencias de nuestra vida cotidiana que causan esta interrupción. A veces no tenemos el tiempo ni el espacio para curarnos de nuestra experiencia de duelo. Porque tenemos que seguir levantándonos por la mañana, trabajando, alimentando al perro, encontrando el zapato izquierdo perdido de nuestro hijo. Hay mucho trabajo que nuestro cerebro sobrecargado solo puede manejar. Cuidar de NOSOTROS a menudo se convierte en un lujo que no podemos permitirnos, en lugar de una necesidad que no podemos ignorar.

Y a veces nuestros cerebros simplemente no tienen ningún mecanismo para dar sentido al trauma. No importa cuánto tiempo y espacio nos damos para sanar, no podemos encontrar un lugar que le de el significado que necesitamos a la experiencia traumática para seguir adelante. Ese es otra vez el cerebro cuentacuentos, aferrado en contar la misma historia que simplemente no funciona.

Cualquiera que sea la razón, el cerebro puede detener el proceso de curación en cualquier momento y nuestra "nueva normalidad" se convierte en una experiencia informada de trauma en lugar de una experiencia de recuperación. Comenzamos a evitar cualquier recordatorio de nuestro trauma porque compartimentar es la única forma en que nos sentimos seguros.

Y los seres humanos son realmente adaptativos. Las técnicas de evitación pueden funcionar muy bien durante mucho tiempo.

ASÍ SE VE EL TRAUMA EN UN DÍA NORMAL

¿Como sabes que estas lidiando con trauma?

Una vez que comiences a funcionar desde una experiencia informada de trauma (ya sea un completo trastorno de estrés postraumático o no), puedes ver los signos en tu vida como la forma en que el cerebro maneja tu trauma usando estrategias de adaptación que es una forma académica para decir que creamos excelentes maneras de evitar nuestras respuestas al trauma para no tener que lidiar con ellas. Pero es una base que fue construida en un terreno inestable. Las grietas comienzan a desarrollarse.

• **Estimulación**- La amígdala siempre usa sus ridículos pantalones y tu te encuentras asustado cuando no deberías estarlo o no quieres estarlo. Tu puedes o no puedes saber por qué. Pero tu cerebro puede procesar algo que considera una amenaza que ni siquiera conoces y, de repente, te estás cayendo en medio de la tienda de abarrotes.

• **Abstinencia**- Te encuentras evitando las cosas que provocan la estimulación. ¿La tienda de abarrotes era mala? Puedo pedir mis compras en internet. Realmente no es necesario salir de la casa para comprar comida, ¿verdad?

• **Intrusión**- Los pensamientos, las imágenes y los recuerdos relacionados con la experiencia del trauma comienzan a abrirse camino. Las cosas de las que tu cerebro te estaba protegiendo no desaparecen. Y comienzan a burbujear hacia la superficie sin tu consentimiento o voluntad. Esto no es lo mismo que la rumia, donde te preocupas por una memoria negativa intencionalmente, pero las cosas aparecen cuando menos se espera. Y no puedes maniobrar todo lo que esta burbujeando.

• **Pensamientos y Sentimientos Negativos**- Con todas estas otras cosas sucediendo, no me extraña que nunca te sientas bien o incluso simplemente a gusto.

Estos son los cuatro jinetes esenciales del apocalipsis del TEPT. Así es como diagnosticamos el TEPT completamente desarrollado. Cuando están presentes, significa que a cierto nivel estás reviviendo tu trauma en tu cabeza en un momento dado.

Pero no todas las personas que tienen una respuesta de trauma tienen un TEPT completo. Al final, un diagnóstico de TEPT es una lista de verificación. Alguien que te esté evaluando para este diagnóstico, buscará si tienes un número determinado de estos síntomas o más. Entonces, algunas personas cumplen con algunos de los criterios para el TEPT, pero no lo suficientes como para justificar un diagnóstico.

Pero no cumplir con los criterios para el TEPT no te da claridad ni te hace sentir mágicamente mejor, ¿verdad? Obviamente por ahora no está bien y hay una muy buena probabilidad de que va a empeorar.

El Departamento de Veteranos se dió cuenta de esto cuando estudiaba a los socorristas del 11 de Septiembre. De las personas que tuvieron algunos síntomas de una respuesta al trauma pero no TEPT completo, el 20% mostró un aumento de síntomas que los calificó para un diagnóstico de TEPT dos años más tarde cuando fueron reevaluados. Lo peor del caso es que si sigues reviviendo tu trauma, esas conexiones se refuerzan en su cerebro.

Los pensamientos, sentimientos y conductas que son impulsados por nuestra respuesta al trauma pueden ser cosas realmente difíciles de entender. No solo para las personas que nos rodean, sino también para nosotros mismos. ¿Alguna vez has tenido un momento así? Cuando pensabas "¿Qué pasa, cerebro?" Nos sentimos ignorantes y las personas que nos aman se sienten inútiles.

Pero aquí vamos a darle un descanso a nuestro cerebro. Es el cerebro tratando de dar sentido al desmadre. Desmadre que en la realidad puede no tener sentido. Por lo tanto, se vuelve híper reactivo en la forma como exige que respondas a ciertos eventos. Te recuerda tus historias. Y ciertos recuerdos que desencadenan emociones negativas. Y el cerebro reacciona de manera protectora sin que te des cuenta de lo que está pasando.

Okey, entonces. ¿Qué tipo de síntomas debemos de estar atentos? Buena pregunta, persona inteligente! La lista es bastante larga.

REVIVIENDO LOS SÍNTOMAS DEL TRAUMA:

• Sentir que estás reviviendo el trauma aunque exista en tu pasado y estés en un lugar seguro.

• Soñar como si estuvieras de vuelta en el evento traumático (o tal vez un evento similar).

• Tener una respuesta emocional elevada cuando algo o alguien te recuerda el trauma. Al igual que enloquecer, a pesar de que actualmente estás a salvo y/o con muchos síntomas físicos (sudoración, aceleración del corazón, desmayos, problemas respiratorios, dolores de cabeza, etc.)

EVITANDO MEMORIAS DE LOS SÍNTOMAS DEL TRAUMA:

• Hacer cosas para distraerte de los pensamientos o sentimientos sobre el trauma, y/o evitar hablar sobre ello cuando surge.

• Evitar cosas asociadas con el trauma como personas, lugares y actividades. Y muchas veces estas áreas que evitas se hacen más y más grandes. Como evitar una cierta calle en la que ocurrió un accidente. Después sigue todo el vecindario, luego dejas de conducir en automóvil por completo.

• Necesidad de sentirte en control en todas las circunstancias, como sentarte en los lugares públicos que se sienten mas seguros, no tener proximidad física con otras personas, evitar las multitudes. (Si trabajas en un campo donde el entrenamiento de seguridad es prioridad, esto puede ser automático y no necesariamente significa TEPT.)

• Tener dificultades para recordar aspectos importantes del trauma (bloqueando el desmadre).

• Sentirte totalmente adormecido o separado de todo o simplemente en todo.

• No estar interesado en actividades regulares y cosas divertidas. No ser capaz de disfrutar del desmadre, incluso si debería ser un desmadre agradable.

• No estar conectado a tus sentimientos y estados de ánimo en general. Sentirte solo … en blanco.

• No ver un futuro para ti, teniendo mas de lo mismo en comparación con las cosas que mejoran.

OTROS SÍNTOMAS MÉDICOS O EMOCIONALES:

• Malestar estomacal, problemas para comer, solo tener antojo de alimentos azucarados (por lo tanto, es más reconfortante para un cuerpo estresado)

• Problemas para quedarte dormido o permanecer dormido. O durmiendo mucho pero sin descansar. De cualquier manera, sintiéndote de la chingada y agotado todo el tiempo.

• No tener las suficientes agallas para cuidarte de manera saludable (hacer ejercicio, comer alimentos saludables, recibir atención médica regular, tener relaciones sexuales más seguras con parejas elegidas).

• Relajar los síntomas con sustancias (por ejemplo, drogas, alcohol, uso de nicotina, alimentos) o comportamientos (por ejemplo, juegos de azar, compras o estupideces que producen endorfinas, como jugar a esquivar el tren).

• Enfermarte con más frecuencia o darte cuenta de que los problemas crónicos de salud física están empeorando.

• Ansiedad, depresión, culpa, nerviosismo, irritabilidad y/o enojo. (Una GRAN cantidad de diagnósticos de salud mental son en realidad solo una respuesta traumática que no se está tratando adecuadamente, por desgracia).

¿Es de extrañar que nos confundamos con respecto a qué es una respuesta de trauma frente a algún otro diagnóstico? Entonces el trastorno de estrés postraumático viene siendo el diagnóstico mas rápido. Pero las respuestas al trauma, como mencioné anteriormente, pueden usar una máscara de Halloween incluyendo otro tipo de cosas. La depresión y la ansiedad son las mas comunes. A veces, las respuestas al trauma pueden incluso ocultarse como un trastorno bipolar y de esquizofrenia. He trabajado con más de una persona con el diagnóstico de un trastorno del pensamiento como la esquizofrenia, pero al comenzar a hablar sobre el contenido de sus "voces" nos dimos cuenta de que eran recuerdos intrusivos de su trauma. Otras maneras en que las respuestas traumáticas se disfrazan como trastorno de déficit de atención con hiperactividad, ira e irritabilidad, problemas de apego y relación, y un sentido retorcido de lo correcto y lo incorrecto.

En si, ninguno de estos otros diagnósticos son malos. Los diagnósticos pueden ser necesarios para que el seguro pague los servicios. También sirven como herramienta entre terapeutas como una abreviatura que solo significa "estos síntomas están presentes". Y estos diagnósticos pueden existir absolutamente por sí solos, sin un desencadenante de trauma. Pero el problema al obtener ayuda de verdad es cuando el trauma ES LA raíz del problema.

Y así es como nos preparamos para el fracaso. De hecho, si entendemos a que están respondiendo los síntomas y los tratamos dentro ese contexto, al tratar diagnósticos relacionados con trauma son mas exitosos que muchos otros problemas de salud mental.

Deschingar el cerebro es algo completamente posible.

OKEY, PERO REALMENTE NO ES UN TRAUMA. PERO TODAVIA TENGO EL JODIDO. ¿QUE ONDA CON ESO?

Bien, entonces escogiste este libro porque te diste cuenta que tienes cosas que deschingar. Pero en realidad no te identificas con cosas de trauma. Eso no es lo tuyo. Pero no te gustan algunas de las cosas que suceden en tu cabeza y quieres hacer algo al respecto.

Tal vez tienes el hábito de reaccionar de forma menos intensa que una respuesta traumática, pero básicamente trabaja de la misma manera. Incluso si tu amígdala no está en modo de secuestro terrorista, tus recuerdos y emociones aún están conectadas, ¿verdad? Tu amígdala sigue el ritmo de un mal hábito haciendo tu vida más difícil en maneras absurdas.

¿Qué es un hábito? Una tendencia regular o establecida o practicada, especialmente una que es difícil de abandonar. Hicimos algo y funcionó. Continuamos haciéndolo y siguió trabajando. En algún momento, tal vez dejó de funcionar, aun así, el idiota del cerebro se deja llevar con la idea de que si funciona, porque no ha descubierto una mejor opción. Entonces la amígdala todavía va a desencadenar una respuesta, atando la memoria a la emoción. Puede que la respuesta informada por el trauma no sea gran cosa, pero aún así existe.

Es por eso que las adicciones son tan difíciles de tratar. Una vez que conectamos una respuesta en particular, aprender a DEJAR de hacer algo es realmente difícil. He ahí el capítulo de "Adicciones" de este libro. Incluso si te dices, "bien, no soy adicto a la heroína, no aplica", considera leerlo de todos modos. Mas que nada es muy buena información para todos.

Y sí, los comportamientos y los patrones de pensamiento definitivamente pueden tener cualidades adictivas.

Por ejemplo, tal vez creciste en una casa donde nadie hablaba de sus sentimientos. No fue alentado y todos los demás se sintieron incómodos si lo intentabas. Aprendiste rápidamente que hablar sobre tus sentimientos estaba claramente en contra de las reglas. No fuiste violada, no fuiste traumatizada. Pero si durante la cena hubieras dicho: "Mi mejor amiga y yo tuvimos una pelea hoy y estoy muy triste y enojada", provocaría una respuesta de "Eso sucede a veces, querida, por favor, pásame el arroz".

Entonces, si trataste de hablar sobre tus sentimientos y fue interrumpido continuamente, probablemente hiciste la conexión en tu cerebro de que, al tener estas discusiones, hace que otras personas se sintieran incómodas. Tal vez esto te hizo sentir ansiedad, culpabilidad o frustración.

Ahora veinte años en el futuro. Tu Amor quiere que hables sobre tus sentimientos. Entras a una niebla emocional de la chingada cada vez que lo intentas. Ansioso, culpable, frustrado. Tu amor esta de, ¿QUÉ PEDO?" y tu no tienes idea.

La buena noticia es que este libro también funciona para ti. Y funcionará aun más rápido, porque la historia no tiene una ranura profunda que crea un trauma. Tu trabajo va a ser mas en reconocimiento de patrones y claridad en lugar de reconectar una respuesta mas profunda. Vas a llegar a dominar ese desmadre en poco tiempo.

¿QUÉ SI A QUIEN AMO TIENE UNA GRAVE HISTORIA TRAUMÁTICA?

Esto es realmente difícil, ¿verdad? Alguien que en verdad te importa esta batallando con su recuperación traumática. Quieres AYUDAR. Y sentirte incapaz de hacerlo es el peor sentimiento del mundo. Estás en riesgo de agotamiento grave y traumatización secundaria. Porque sí, ver a alguien vivir su trauma puede ser una experiencia traumática en sí misma.

Aquí hay dos cosas que recordar:

> • Esta no es tu batalla.

> • ... pero las personas mejoran en las relaciones donde hay apoyo.

Esta no es tu batalla. No te toca diseñar los parámetros, no te toca determinar qué hace que algo sea mejor, qué empeora algo. No importa lo bien que conozcas a alguien, no conoces sus procesos internos. Es posible que ni siquiera ellos conozcan sus procesos internos. Si conoces muy bien a alguien, puedes saber mucho. Pero no eres tú quien opera esa vida.

Decirle a alguien lo que debería estar haciendo, sintiendo o pensando, no ayuda. Incluso si tienes razón. Incluso si hacen lo que dices ... acabas de quitarles su poder con hacer el trabajo que necesitan para hacerse cargo de su vida. Hay límites para que tanto pueden mejorar realmente si son rescatados continuamente por ti.

...pero la gente mejora en relaciones donde hay apoyo. Lo mejor que se puede hacer es preguntarle a tu ser querido cómo poder apoyarlo de la mejor forma posible cuando está batallando. Este es el tipo de plan de acción que puedes hacer con un terapeuta (si es que uno o los dos este viendo a alguien) o preguntarle en una conversación privada. Pregúntales. Pregunta si necesitan ayuda para reconectarse cuando se desencadenan, si necesitan tiempo solos, un baño caliente, una taza de té. Pregunta qué puedes hacer y haz esas cosas, sí son sanas de hacer.

Puede ser útil que tengan un plan de seguridad para que lo puedan seguir (al final de este libro hay recursos para ejemplos de planes de seguridad), con lo que seria tu función específica. Esto ayudará a limitar tu función y evitará que construyas situaciones en la que rescatas o permites comportamientos peligrosos y/o de auto-sabotaje.

Es posible que necesites establecer límites estrictos. Esto no es solo para tu bienestar, sino que te ayudará a modelar la importancia de hacerlo para tu ser querido.

Ama la totalidad de ellos. Recuérdales que su trauma no los define. Permíteles las consecuencias de su comportamiento y celebra los éxitos de nuevas formas de vivir más saludables. Sé la relación que ayuda durante camino de curación.

TOMA ACCIÓN: PONLE NOMBRE AL DESGRACIADO

Dale a tus reacciones negativas una persona real para habitar. Nómbralo igual que un ex atroz, un maestro de escuela de la chingada, o Kim Jong-un. Crea un personaje completo para ese maldito.

Las emociones se sienten tan grandes y tan confusas que transformarlas en una entidad real y definida que puedes combatir *realmente ayuda*. Después, puedes cotorrear con el Ridículo Pelo Naranja de Donald Trump (o quien sea, pero personalmente creo que todas las cosas negativas deberían tener ese nombre) cuando se trata de insultar a alguien.

Ahora te puedes enfocar en esa entidad de la misma forma que lo harías si estuvieras en una situación de vida real que una persona te estuviera amenazando. Puedes negociar, puedes devolver el grito, puedes encerrarlo en una caja. Ahora esta a un tamaño manejable que tu escogiste, una cantidad suficientemente absurda apropiada para que te puedas burlar y partirle la madre al mismo tiempo.

DESCHINGA TU CEREBRO

Si nos referimos a los primeros dos capítulos de este libro como "Este es tu cerebro", el resto de este libro se referiría como "Este es tu cerebro en terapia".

A lo largo de mi carrera, he trabajado con niños, jóvenes y adultos en recuperación de trauma. He encontrado que la siguiente analogía funciona bien para casi todos. A los niños les gusta la parte desagradable, a los adultos les gusta la comprensión simbólica.

El trauma es como una herida que tiene una costra en la parte superior pero que no se ha curado completamente. Parece cerrada, pero la infección todavía está enterrada debajo de la piel. Empeora incluso cuando no nos damos cuenta de que está ahí, o cuando encontramos formas de ignorarla. ¿Pero qué pasa si no limpiamos esa herida?

A los niños les gusta esta parte.

"Se esparce por todas PARTES! ¡Hay sangre y pus y DUELE y es SUPER DESAGRADABLE! "

Definitivamente.

Tenemos que limpiarla para que sane.

Pero ¿qué pasa con la cicatriz que deja atrás?

A los adultos les gusta esta parte.

Las cicatrices son símbolos. Son un recordatorio de que hemos sanado.

Creamos nuevas formas de sentirnos seguros que no nos causen más daño a largo plazo. Procesamos nuestras experiencias con personas que son seguras, confiables y que se preocupan por nosotros. Reentrenamos nuestros cerebros para PENSAR en lugar de REACCIONAR. ¿Aquellas heridas? Las tratamos.

LA ELEGANTE CIENCIA DE DESCHINGAR

Debido a que nuestras emociones están cercanamente vinculadas en el cerebro con nuestra memoria, tiene sentido que los recuerdos de eventos pasados, junto con las experiencias actuales, puedan provocar una respuesta realmente fuerte.

Pero nuestros cerebros no están realmente programados para mantener ciertas emociones durante largos períodos de tiempo. Las emociones están diseñadas como parte de nuestro circuito de retroalimentación de información.

¡ESO NOS GUSTA! ¡MÁS DE ESO!

~ ó ~

¡ESTA DE LA CHINGADA! ¡HAZ QUE PARE!

Nuestras emociones influyen en nuestros pensamientos y comportamientos. Se supone que son una señal fisiológica para el resto del cerebro. Una vez que han hecho su trabajo, están destinadas a desaparecer.

¿Sabes realmente cuánto tiempo debe durar una emoción?

90 segundos. En serio, solo un minuto y medio para que una emoción complete su curso.

Pero estás diciendo "ni de chiste" en este momento, lo sé. Porque si ese fuera realmente el caso, ¿por qué nuestras emociones duran horas, días o años? ¿90 segundos? No lo creo.

Las emociones duran más de 90 segundos porque seguimos alimentándolas con nuestros pensamientos. Hacemos esto contándonos las mismas historias sobre la situación desencadenante una y otra vez. Esto es cuando dejan de ser emociones y comienzan a convertirse en estados de ánimo.

También continuamos alimentándolas con nuestros comportamientos. Mi definición favorita de locura es hacer lo mismo una y otra vez y esperar resultados diferentes. Entonces, cuando somos reactivos en lugar de proactivos, seguimos reforzando el patrón.

Digamos que tuviste un terrible accidente automovilístico conduciendo por la Calle Principal. Tiene sentido que al conducir por la Calle Principal tu cerebro entra en un ataque de pánico. Así que evitas la Calle Principal. Eventualmente, evitar usar la Calle Principal es tu modus operandi hasta el punto que cualquier cosa que involucre estar cerca de la Calle Principal no pasas. No QUIERES tener un ataque por conducir por la Calle Principal. Quieres recuperar tu vida POR EL AMOR DE DIOS! Pero mientras continúas evitando conducir por la Calle Principal, estás profundizando el ritmo de ese comportamiento y los sentimientos de pánico que asocias al recordar el accidente.

Pensar en el accidente se convierte en algo que no podemos controlar. La rumia es una forma de atención obsesiva no deseada por nuestros propios patrones de pensamiento. Es un punto estancado. Un error en la codificación. Reflexionamos sobre el accidente hasta el punto de pensar que estamos perdiendo la cabeza, porque parece que la rumia ha tomado el control.

Básicamente, al continuar con el mismo comportamiento adaptativo que usamos originalmente para mantenernos seguros (no conduzcas por la Calle Principal, allí pasan cosas malas!) continuamos alimentando esa respuesta emocional en particular (ansiedad, miedo) y los respectivos pensamientos (los accidentes ocurren en la Calle Principal). Así que mantenemos el circuito de retroalimentación en un ciclo perpetuo.

Okey si, tal vez. Pero ¿qué pasa con todos esos recuerdos no rumiantes? Lo que hacemos con tal de evitar esos sentimientos. Al contrario, puede ser que te rehúsas a prestar tu atención en lo absoluto a la idea de conducir por la Calle Principal .

¿Rumiar? Ni de CHISTE.

Maldito cerebro de nuevo programado. Evitar una cierta emoción hace que te aferres a ella tanto como lo hace la rumia sobre ella. ¿Recuerdas la analogía de la infección? Solo se está pudriendo allí.

Tanto el rumiar al igual que el evitar funcionan exactamente igual ... un pedazo de nada realmente nunca cambia y no vamos a llegar a ninguna parte. La rumia es una forma de insistir en dar sentido a una experiencia, pero haciéndolo sin sentido. Y evitar es simplemente negarse a reconocerlo, en un nivel consciente. La rumia y la evitación son formas de tratar de controlar nuestra experiencia, en lugar de tomarla como información destinada a suceder y encontrar formas de procesar a través de nuestras reacciones. Cuando nos topamos con una situación en la que nos quitan el control, la memoria de ese evento es EN VERDAD la situación más incómoda en la historia de HABER. Es un recordatorio de que tenemos mucho menos control sobre el mundo externo del que nos gustaría tener. Y eso nos espanta. Tanto la rumia como la evitación son formas en que nuestro cerebro reacciona en un intento por recuperar el control. Si me fijo en ello, puedo encontrar una manera de evitar que vuelva a suceder. Si lo evito, puedo borrarlo de la existencia de el pasado, presente y futuro. Se siente mucho más seguro que recordar algo, reconocerlo por el evento que fue y luego dejarlo ir.

¿Solo para llegar a un lugar donde simplemente sentimos lo que sentimos? ¿Sentarme con eso durante esos 90 segundos? ¿Para recordar que es solo información de nuestro cuerpo, parte de nuestro circuito de retroalimentación? ¿Qué no nos define? ¿Cambia algo sobre la esencia de quiénes somos? ¿Puede ser que ni la información del evento sea exacta? ESTA MUY CARBÓN.

Ser desencadenado significa estar en un terreno inestable. Solo queremos que la tierra deje de moverse. Queremos una sensación de control de vuelta. Si nos da la sensación de que lo que pensábamos que era sólido debajo de nosotros nunca fue realmente sólido en lo absoluto, eso significa que tenemos que vivir con ambigüedad constante. Y la ambigüedad es completamente contraria a las cosas que nuestro cerebro está tratando de hacer y continúa diciéndonos para ayudarnos a mantenernos seguros. La ambigüedad empuja el botón: Alerta de Amenaza Nivel Rojo.

¿Recuerdas todas las cosas delicadas del cerebro del primer capítulo? Debido a que nuestros cerebros están programados para mantenernos vivos, la parte instintiva de nuestro cerebro se hace cargo cuando nos sentimos amenazados. Pero a diferencia de otras especies con las que compartimos este planeta, cuando la amenaza ha terminado, no somos buenos para descargar ese sentimiento de amenaza, sacar todas esas hormonas y neurotransmisores de nuestro sistema y regresar a nuestra vida cotidiana.

Y la corteza prefrontal (CPF) no puede *controlar* nuestras respuestas instintivas; solo puede elaborarlas. Puede ofrecer información diferente y diferentes formas de responder. Puede probar nuevos escenarios. La CPF proporciona retroalimentación. Se puede negociar. Pero NO está en control en tiempos de alto estrés. No estás loco por preguntarte si tu cerebro racional ha sido secuestrado por tu cerebro animal. Te sientes así PORQUE HA PASADO.

Y francamente, tu cerebro animal está bien encabronado con tu gran ingratitud por lo duro que está trabajando para mantenerte vivo.

No es un signo de debilidad el que siga ocurriendo. Es un instinto de supervivencia programado. No puedes tomar el control por la fuerza mediante fuerza de voluntad. El cerebro animal va a ganar cada vez y te castigará con un "Ni madres" cuando lo intentes.

Curar un trauma significa trabajar todo nuestro desmadre, en lugar de tratar de dominarlo. En lugar de atacar por enfrente, al estilo Corazón Valiente, creamos formas de tener nuevas charlas que sean seguras y posibles. No salimos de nuestra zona de confort, creamos una burbuja más grande de zona de confort que nos ayuda a avanzar hasta que nos damos cuenta de que ya no la necesitamos.

DESCHINGARTE INMEDIATAMENTE DESPUÉS DE UN EVENTO TRAUMÁTICO

Ok, ¿recuerdas cuando no me callaba acerca de todo lo que había en los primeros treinta días? ¿Que este es un momento realmente crítico para la recuperación del trauma? Sí. ¿Y si nos dan el tiempo y el espacio para procesar una cosa enorme y horrible que nos sucedió? Eso hace toda la diferencia en el mundo.

Si tienes experiencia con el ejército, o con el personal de primera respuesta (bomberos, policía, paramédicos), has escuchado términos como "informe posterior a la acción" o "interrogatorio de incidentes". De manera similar, si alguna vez has pasado por el tipo de incidente traumático donde profesionales (policía, médicos, etc.) se involucraron, en algún momento tuviste que contar tu historia.

Hablar sobre lo que sucedió es un buen primer paso para la mayoría de las personas. El problema con eso es si solo podemos procesar a un nivel superficial. Ya sabes, "solo los hechos". Tiene el potencial de separarnos aún más del contenido emocional de nuestra experiencia en lugar de procesar los recuerdos cargados de emociones al enfocarse en una recitación de eventos.

Cuando ocurre cualquier evento, se transforma en ese instante de un acontecimiento a una memoria. Si se nos da el espacio y el apoyo, estamos preparados para procesar esa memoria al nivel emocional en el que se almacenó. *Solo los hechos* es diseñado para ser el comienzo del proceso de curación, porque no son tan útiles como *todas las sensaciones*.

Entonces, ¿qué si alguien te ha entregado este libro después de un evento traumático muy reciente? Quiere decir que están ahí y quieren ayudar.

O tal vez lo compraste tu mismo porque la vocecita en la parte posterior de tu cabeza te dijo que debías hacerlo. ¿De cualquier manera? Este es el momento de cuidarse, algo complicado. Necesitas el espacio para sanar.

Realmente no he encontrado una gran diferencia entre las cosas que te ayudan a sanar cuando un trauma está fresco en comparación con qué hacer cuando es más viejo. Pero descubrí que la sanación es mucho más fácil cuando nos dedicamos a ello de inmediato y no le damos a nuestros cerebros la oportunidad de comenzar a trazar las señales estúpidas que nos chingan. También descubrí que si puedes hacer el trabajo ahora, es mucho menos probable que luches con una enfermedad mental crónica como resultado de tu trauma, o al menos será menos grave / más manejable.

Y también sé que vale la pena el tiempo que toma enfocarse en ti mismo y en tu curación. No importa que tan absurdo se sienta, o lo ocupado que estés, o lo mucho que los demás a tu alrededor se incomodan con el proceso.

Te mereces cada oportunidad de curarte.

DESCHINGARTE MUCHO DESPUÉS

Luego estamos nosotros los estúpidos desafortunados que no tuvimos la oportunidad de desenredar nuestro trauma durante esa ventana de re-estabilización de 90 días. Eso significa que tienes más meses, años o décadas de desmadre cerebral para desenredar. Esta no es una situación sin esperanza. Por que eres un SOBREVIVIENTE. Tu cerebro calculó maneras de mantenerte en movimiento cuando todo a tu alrededor estaba loco. Y FUNCIONÓ.

El problema es que ya no funciona bien. En lugar de ser una solución, se ha convertido en un problema. Así que tu cerebro debe ser puesto nuevamente en su correa y reentrenarlo.

Debes enseñar a tu cerebro a usar la corteza prefrontal para discriminar nuevamente entre amenazas reales y amenazas percibidas. Cuando el sistema de retroalimentación funciona de la forma prevista, la amígdala no se vuelve loca y envía todos los mensajes al tronco cerebral para activar el modo de locura.

Gran parte del trabajo que hago en mi práctica privada es guiar a las personas a través de procesar sus historias y al mismo tiempo ayudarlas a mantenerse en el presente. Esto nos ayuda a recordar que tenemos el control de nuestra experiencia en este momento de nuestras vidas, incluso si no estuviéramos en el pasado. Es increíble darse cuenta de que puedes sentir algo A la chingada con eso no sentirte abrumado. ¿Exactamente eso? Eso es lo que realmente significa *recuperar tu poder*.

Si alguien tiene un compañero o el apoyo de un amigo o la disponibilidad de un miembro de la familia disponible, también les muestro cómo ayudar con el proceso. Identificamos exactamente cuál va a ser su rol para que puedan dar una forma de apoyo, en lugar de enloquecer y empeorar la situación. (Algunas de las cosas más tontas se hacen con las mejores intenciones, ¿verdad?)

Muchas personas hacen este trabajo en terapia, pero no todas. Incluso si estás trabajando con un terapeuta, un buen terapeuta funciona como tu entrenador lateral, dando sugerencias y comentarios de perspectiva exterior. Si estás resolviendo cualquiera de estos problemas, tú eres quien se encarga de la parte difícil, ya sea que tu apoyo sean amigos, familiares o profesionales en ayuda, o simplemente por voluntad propia decidiste mejorar.

Ya sea que tengas ayuda o lo estés haciendo por tu cuenta, he descubierto que saber por qué funcionan estas técnicas hace que funcionen mucho más rápido. El entender cómo el cerebro esta conectado para trabajar nos ayuda a sentirnos menos frustrados, estúpidos y culpables. ¿Por qué una de las mayores barreras para mejorar? Vergüenza. Vergüenza de nosotros mismos y vergüenza ante los demás que nosotros todavía no estamos mejor. O que teníamos un problema para empezar.

Y a la chingada con eso.

¿Recuerdas lo que dije sobre que eres un sobreviviente? Si te has arrastrado a través de todos estos años, meses, décadas de la chingada, luchando con un cerebro descontrolado, TE MERECES SENTIRTE MEJOR. Te mereces tu vida de vuelta. Tú no estás fundamentalmente, indefinidamente roto.

Vamos a hacerlo.

TOMA ACCION: SÚBETE A LA OLA

Las emociones duran 90 segundos. Y como tu NO ERES TODO el tipo de persona que lee los cuadros de texto antes del texto principal (a diferencia de yo), sabes que las emociones son una señal en el cerebro de que algo necesita tu atención. Están diseñados para durar lo suficiente como para captar tu atención, y se desvanecen después de que tu decides tu curso de acción.

El problema es que tendemos a hacer una de dos cosas en lugar de prestar atención. Ya sea que nos perseveramos (sin acción) o vamos directamente al modo de evitación. Ambos hacen que el cerebro empeore.

Intenta darte cinco minutos para sentarte con la ansiedad que sientes en lugar de contraatacar. Todo esto significa estar atento a tu experiencia emocional presente. Puedes escribir libremente mientras procesas. Puedes practicar tu respiración. Puedes hacer otra cosa que no sea evitar o distraer la sensación. El punto es volver a entrenarte que esto no durará para siempre. Puede que seas la esclava de este sentimiento por unos minutos, pero este no es un estado permanente de ser. Juro por mi Roomba que no durará para siempre ... y amo a mi Roomba, ¡es el empleado del mes todos los meses!

Si atiendes a lo que sientes, lo superas mucho más rápido que si lo evitas. Me he dado cuenta que me aburro a los 3 minutos de comprometerme a sentarme con mi sentimiento por 5 minutos. Estoy lista para ir a hacer una taza de café, leer un libro, encontrar las galletas que escondí de mí misma o *hacer cualquier cosa en lugar de resistir*.

TOMA ACCIÓN: PONLO EN HIELO

Una gran cantidad de terapeutas solían alentar a los clientes a usar una liga elástica y colocársela en la muñeca si sentían una necesidad de auto lastimarse, tenían pensamientos giratorios o consideraban un comportamiento impulsivo. Pero colócate una liga elástica las suficientes veces y te arrancarás la piel. Así que ya no estamos haciendo eso.

Pero el punto de la liga era válido. Estábamos tratando de ayudar a las personas a interrumpir el enfoque actual del cerebro animándolo a prestar atención a otro punto doloroso. El hielo funciona mucho mejor sin causar daños duraderos. En serio, inténtalo. Agarra un cubo de hielo y exprimelo. Tu cerebro va a pensar "¿porqué estás haciendo eso?" e interrumpe la señal del enfoque actual. Si tienes un impulso de autolesionarte para controlar la ansiedad, puedes colocar el hielo en la parte del cuerpo que normalmente lastimas en lugar de hacer el otro comportamiento dañino.

Otra ventaja es que llevar hielo contigo es practico. Puedes hacerlo durante tu día y sacar un cubito de hielo de tu taza sin que la gente diga "¿Qué carajos esta haciendo?" Trabajé en programas de grupo donde todos llevaban agua, entonces al darle a alguien una taza llena de hielos para apretarlos en caso de que algo los desencadene, hizo que no se sintieran señalados por sus compañeros.

MEJORANDO: REENTRENA TU CEREBRO
UN MARCO DE REFERENCIA PARA MEJORAR

Esta es la sección general del libro. Así es como reentrenamos el desmadre cerebral que está sucediendo. Por supuesto, no todos tienen las mismas respuestas a las situaciones. Si lo hicieran, arreglar las cosas sería fácil y yo no tendría trabajo. Por lo tanto, los temas relacionados con algunas de las cosas específicas que les suceden a las personas aparecen en los siguientes capítulos. Ya sabes ... depresión, ansiedad, ira, adicción, respuestas al dolor y estrés. Todo lo que forma parte del humano en algún momento de cada vida.

Pero primero te quiero plantear un concepto basado en etapas ... un enfoque en el desarrollo del trauma que nos ayuda a entender la mejor forma de cómo arreglar este desmadre. Estoy MUY consciente que nadie encaja mejor en un solo modelo que cuando completamos ciertos pasos, LISTO, TODO MEJOR ... y nos sacudimos las manos al mismo tiempo.

La vida hace lo que hace, y la mitad del tiempo estamos aferrándos a ella. Entonces, lo que otras personas llaman etapas, yo llamo marco de referencia. Es bueno tener una idea de dónde te encuentras en el proceso en cualquier momento. Así de esta forma te puedes enfocar en lo que va a funcionar mejor en ese momento. ¿Y si hoy en la tarde (o la próxima semana, o el próximo año) estás cinco pasos adelante o dos pasos atrás? Ahí es donde entramos. No hay problema.

Okey, me estás viendo con ojos sospechosos, dudas si vamos a seguir con el típico rollo de un libro de autoayuda preguntándote "¿Cómo te funciona ESTO?" Puede que no mucho. Pero sólo lo que mejor funciona, no es nada del otro mundo. Todo tiene que ver con la ciencia detrás del cerebro. Y la chingada. Porque tengo un doctorado sofisticado y puedo decir a la chingada cuantas veces quiera. Así que júntate conmigo, y vamos a averiguar lo qué funciona para ti.

De regreso a los marcos de referencia. Una de la mejores referencias para entender como el cerebro se cura de un trauma es el libro de Trauma y Recuperación de Judith Herman. Sus conceptos en términos profesionales (y los míos no tanto) se encuentran en la lista de abajo:

1. **Seguridad y Estabilización**

    ¡Dios mío! Eso ya se acabo, ¿verdad? ¿Puedo sentarme por un segundo sin que alguien me moleste? ¿Acaso es eso posible?

2. **Recuerdo y Duelo**

    ¿Qué desmadre fue eso? ¿Qué pasó? ¡Así no deberían de pasar las cosas! Eso fue un golpe DURO.

3. **Reconexión**

    Okey. Puede que, a lo mejor, solo tal vez, el mundo entero no sea un completo desmadre y, en general, poder estar bien. No digo que no fue un completo desmadre. Pero no todo esta de la chingada y no todos son unos hijos de la chingada.

Seguridad y Estabilización: Si un trauma significa que nuestra sensación de seguridad en el mundo ha sido violada, se siente casi imposible poder recuperar esa sensación de seguridad. Esa experiencia se convirtió en un recuerdo demasiado fuerte que continuamente desencadena nuestra reacción de "luchar, huir, paralizar". La seguridad y la estabilización es el proceso de comprender todo lo que sucede con tu cerebro y de tomar el control sobre tu cuerpo cuando esto sucede. Es el reinicio del cerebro cuando todo este desmadre se activa para ti. El libro de Herman se centra en esta etapa, y el mío también. Porque esta es la parte mas difícil para poder empezar... y nada más pasa antes sin hacer esto.

Recuerdo y Duelo: Esta es la parte que llamamos narrativa del trauma. Es el espacio para poder procesar tu historia cuando tienes las habilidades para hacerlo sin ser desencadenado por todo este desmadre. Se trata de ser dueño de tu historia y no dejar que tu historia te pos.. Se trata de cómo recuerdas el trauma, y de los pensamientos y sentimientos que están empaquetados con los recuerdos de esa experiencia. Si pensamos en el trauma como emociones atrapadas en el cuerpo, así es como las metabolizamos. Esto se puede hacer en diferentes formas seguras: con un terapeuta, con un increíble ser querido, en un grupo de apoyo, o incluso a solas usando un diario.

Reconexión: Esta es una manera elegante de decir, "tomando mi vida de regreso". Significa encontrar la manera de encajar el trauma en el lugar que le corresponde dentro de toda tu vida, en lugar de asumir y controlar cada aspecto de él. Se trata de encontrar un significado en tu experiencia. Esto puede ser muy difícil de asimilar, lo sé. Esto no significa que la situación no estuvo horrible y de la chingada, significa que puedes usarlo para hacerte más fuerte, para apoyar a los demás, para que no se adueñe de ti. Significa tener relaciones positivas que se definen por *todo* lo que tú eres y no solo por tu trauma. También puede ser para reconectarte con tu espiritualidad, si eso ha sido una parte importante de tu identidad. Significa saber que no importa lo que pase ... te tienes A TI en tu esquina. Un sobreviviente chingón que cualquiera seria afortunado de tenerte a su lado.

Okey, reconozco que es más fácil de explicar que de hacer, pero hablemos de cómo empezar.

PRIMERO LO PRIMERO: SEGURIDAD Y ESTABILIZACIÓN

La siguiente sección está llena de actividades que incluyen a la corteza prefrontal y suprimen la toma de control del tronco cerebral que lo pone en respuesta de luchar, huir o paralizar. Enseñar al la CPF a enfocarse en otra cosa interrumpe la respuesta hostil del cerebro.

Bruce Lipton, en su libro La Biología de la Creencia, compara tratar de evitar el secuestro de la amígdala con gritarle a un estéreo porque no te gusta la canción que escuchas. Solo esta tocando el casete, ¿sabes? No tiene la capacidad de darse cuenta de que quieres pausar el casete, regresar el casete, o adelantar el casete. Esta activando las señales de peligro y no tiene mas capacidad que un estéreo de dejar de reproducir una canción una vez que el botón de Play ha sido presionado. NO PUEDES tener una conversación lógica directamente con la amígdala. CUALQUIER COSA que quieras hacer tienes que negociar con la amígdala a través de la CPF. Debido a que la amígdala está en modo de protección (o modo secuestro, depende de que tan paciente seas con tu desmadre en el momento) y está a cargo. Aquí es donde nos volvemos a estabilizar y restablecemos nuestro sentido de seguridad. Al hacer que nuestra CPF se integre y detenga el proceso, podemos negociar con la amígdala para que se relaje un chingo, se quede quieta, deje trabajar a los adultos.

Sí, en verdad puedes hacer diferentes cosas y pensar diferentes cosas. Pero tienes que entrenarte a ti mismo cómo hacerlo.

Esta respuesta traumática no te asustó de la noche a la mañana, ¿o sí? No te fuiste a dormir una noche sintiéndote sano y salvo y a la mañana siguiente te levantaste con un desmadre. Tu cerebro conectó su red de respuestas basado en la información que recibía a través del tiempo, por eso el aprender a deschingarte también toma tiempo.

Algunos días van a ser mejores que otros. Te puede ir increíblemente bien cuando de repente sientes como si una tonelada de ladrillos te golpeara con todo el DESMADRE, que acaba de pasar!!!

Esos días son lo peor, ¿verdad?

Nada de eso te hace fracasar, significa que aún estás creciendo. Le digo a mis clientes "Al final todo va a estar bien. Si aún no está bien, eso significa que no estamos al final ".

Y de vez en cuando esos momentos de OKEY nos dan el espacio donde respiramos y descansamos guardando energía para nuestra próxima lucha contra esa ansiedad que trata de comernos vivos. Okey, esa no es la definición técnicamente, pero debería ser.

La mejor forma para hacer que todo este rollo funcione es practicar estas técnicas cuando tu cerebro no está en modo de imbécil en lugar de tratar de aprenderlas cuando ya estás completamente

69

estresado. El probar nuevas técnicas de relajación y afrontamiento cuando sientes que estas al cien te ayudará a identificar cuáles te funcionan.

Porque como ya lo sabes, recuperar el control de tu cerebro cuando ha sido secuestrado es realmente difícil.

Hay una expresión: *los aficionados practican hasta que lo hacen bien, los expertos practican hasta que no pueden hacerlo mal.* No estoy tratando de hacerla de emoción ... la idea es que el camino hacia la felicidad sea la práctica, la práctica, la práctica. Probar que puedes hacer algo una vez es fácil, llegar a ser tan bueno en eso que se convierte en tu segunda naturaleza es mucho más difícil.

Pero eso es lo que vuelve a conectar una reacción traumática. Hacerlo de forma constante se termina convirtiendo en lo que tu haces. Los martes nos vestimos de rosa. Y cuando nos desencadenamos, usamos nuestras mugres habilidades de afrontamiento.

Usar buenas habilidades de afrontamiento mientras NO estás en el modo de pánico hará que sea más fácil usarlos cuando si estás. Tener personas a tu alrededor que para ti se sienten seguras y que te ayuden a utilizar tus habilidades de afrontamiento positivas puede ser invaluable.

Por supuesto, es probable que el pánico llegue en el peor momento posible, cuando estás en la carretera y solo en el carro, por ejemplo. Así que tener una variedad de habilidades simples y complicadas de afrontamiento es invaluable. Puede que sea un amuleto literalmente (una piedra que llevas contigo), un mantra que dices o las tarjetas de afrontamiento del cuadro de texto de abajo. Sí, se escuchan demasiado cursis. Pero FUNCIONAN muy bien, yo tengo que difundir la idea.

ACTÚA: CREA TARJETAS DE AFRONTAMIENTO

El problema con todos los mecanismos de afrontamiento a continuación es que es probable que no puedas recordarlos en el mero momento, al menos al principio. Entonces, cuando encuentres un mantra, un ejercicio de conexión a tierra, un hecho sobre la ansiedad u otra declaración o imagen o acción que te ayude, ponlo en una tarjeta de presentación. Hazle un agujero a tus tarjetas, ponlas en un llavero arnés y tienes un conjunto de tarjetas de afrontamiento que puedes hojear cuando entre el pánico.

Suena demasiado tonto, yo se. Pero he tenido tantos clientes que terminan amando sus tarjetas y usándolas todo el tiempo. Son una forma de recordar a la CPF de que tome la palanca de control y se base en la realidad. Es echarle mas salsa a los tacos, pero eso es lo que funciona cuando activamente estamos reconectando el cerebro.

TÉCNICAS DE CONEXIÓN A TIERRA

Muchas veces gente me pide que les enseñe solo *una* habilidad. Los nuevos consejeros, los nuevos padres de crianza temporal y los socorristas que no son consejeros pero que terminan ayudando a las personas a manejar una crisis de salud mental, me preguntan: "¿Que es lo universal que todos pueden hacer para ayudar a alguien que esta teniendo un momento difícil?" Y la mejor respuesta que tengo es ayudar a las personas a reconectarse con sus cuerpos y al presente.

Cuando se activa, el cerebro está reviviendo un evento pasado en lugar de responder al momento presente. Las actividades de conexión a tierra te ayudan a volver a tu cuerpo y al momento presente en lugar de revivir tus recuerdos. Conectarse a tierra es una de las mejores formas de controlar el dolor emocional, porque te ayuda a permanecer en el presente y recuerdas que el dolor en sí está basado en la memoria y no tiene el poder de lastimarte en este momento. Siempre escucho de personas que usan esta habilidad constantemente.

Algunas personas no quieren desenvolver su historia y procesar su trauma. Y eso está bien. Pero todos quieren una manera de manejar toda el desmadre que surge cuando están sintiendo una reacción traumática. La conexión a tierra ayuda mucho. En serio. Es la mejor manera de decir "Oye, amígdala? Reduce tu velocidad".

CONEXIÓN MENTAL

Las técnicas de conexión mental están destinadas a mantenerte en el momento presente al enfocarte en tu situación actual y tus alrededores. Vas a usar mantras o hacer listas. Y sí, puedes decir esto en voz alta. A ti mismo, a alguien más. Si estás en el camión de la ciudad y no quieres llamar la atención, puedes revisar tu lista mentalmente o murmurar en voz baja. Lo que sea que funcione. (... y si te pones unos auriculares, la gente pensará que te estás cantando a ti mismo y no que respones a los estímulos internos).

Por ejemplo, puedes describir todos los colores de la habitación o un objeto que estés sosteniendo.

Puede ser repitiendo una frase positiva a ti mismo una y otra vez. ¡Hace poco escucho uno de mis favoritos "VETE A LA CHINGADA, AMIGDALA!" ¡Aparentemente funciona muy bien para esa persona!

A algunas personas les gusta jugar a un tipo de juego de categorías, donde nombran todas sus películas o libros favoritos, o algo que requiera otro tipo de concentración.

Algunas personas repasan su agenda, ya sea mentalmente o en voz alta, o los pasos a seguir para completar una actividad.

Todas estas actividades de fundamentación mental son una forma de recordarle a tu cerebro dónde se encuentra en el momento y que tiene más control del que se da cuenta de lo que sucede dentro de ti cuando tu botón de pánico se ha activado.

CONEXIÓN FÍSICA

Como niños pequeños, estamos en nuestro cuerpo y en nuestras experiencias todo el tiempo. No es hasta que envejecemos que nos damos cuenta de que nuestros cuerpos pueden estar en un lugar mientras nuestra mente se va a otra parte. Esto esta divertido cuando tu cuerpo está en la clase de matemáticas pero tu cerebro está en el patio de recreo. Pero se vuelve más problemático a medida que envejecemos. ¿Alguna vez te has encontrado llegando a casa sin recordar nada sobre la ruta que tomaste para llegar allí? Las técnicas de conexión física son formas de recordarnos que estamos en nuestros cuerpos y que somos dueños de esa experiencia.

La base física puede incluir tener en cuenta nuestra respiración. Simplemente toma nota de tu respiración, dentro y fuera. Cuando te encuentres distraído, recuérdate de concentrarte en la respiración.

Puedes intentar caminar y observar cada paso que das. Si encuentras que caminas y sigues rumiando, trata de cargar una cucharadita de agua mientras caminas y concéntrate en tratar de no tirar ni una gota.

Toca los objetos que te rodean.

A veces los objetos sensoriales específicos son especialmente calmantes. Por lo general, se recomiendan para personas que responden neurológicamente de manera diferente (ya sabes, personas con conexión de tipo autista), pero pueden ayudar a todos. Cosas como: una bola de algodón con aceite de lavanda en un recipiente hermético que se puede abrir y oler para desencadenar una respuesta calmante. Algo para masticar (chicle, carne seca). Plastilina que puede ser aplastada, botellas con brillantina que pueden ser agitadas, un talismán en su bolsillo como una piedra pulida o algo de importancia espiritual. Un anillo que puedes girar en tu dedo.

Saltar arriba y abajo.

Asegúrate de que tus pies toquen el suelo. Intenta quitarte los zapatos y sentir el suelo debajo de ti.

Come algo despacio y ten en cuenta todos los sabores y texturas. Las uvas o las pasas funcionan bien para esto. ¿Interesantemente? A la gente que no le gustan las pasas (y yo soy una de esas) no les molesta que las utilicen para este ejercicio.

Si te sientes seguro al ser tocado, pídele a alguien de confianza que te ponga las manos sobre los hombros y te recuerde que permanezcas en tu cuerpo.

Si tocar no va a empeorar las cosas dale a alguien un abrazo. Ve a recibir un masaje. Acurrúcate con tu amor. Tocar y ser tocado libera oxitocina. El tacto también es bueno para el corazón y el sistema inmunológico. Así que sigue con eso.

CONEXIÓN RELAJANTE

Una conexión relajante es esencialmente la autocompasión y el autocuidado en una situación difícil.

Piensa en las cosas que te hacen sentir mejor. Visualiza cosas que disfrutas, como la playa o un atardecer. ¿Un atardecer en la playa? Te hago un dos con eso.

Recuerda un lugar seguro e imagínate a ti mismo rodeado de esa seguridad.

Planea una actividad o un regalo que anheles en un futuro cercano, como un pan dulce de tu panadería favorita, un baño caliente, una película que hayas visto 100 veces y aun adores, un juego de béisbol y una bolsa de palomitas de maíz, o un caminata en tu parque favorito.

Lleva fotos de personas y lugares que te interesan y enfócate en estas imágenes.

Puedes jugar con todas estas diferentes formas de conexión y desarrollar las que mejor funcionen para ti cuando te sientas más angustiado. Si estás interesado en la idea de hacer más trabajo en esta área, puede ser que quieras ver algunas de las lecturas recomendadas al final de este libro.

¿Pero por encima de todo lo demás? Tienes todo este desmadre. Tu cerebro ha hecho su trabajo para mantenerte seguro, y ahora estás listo para tomar las riendas y avanzar en tu vida. Y eso es excelente, ¿o no?

RECIBIENDO AYUDA CONECTÁNDONOS

Si tienes a alguien que te está apoyando en este trabajo, compártela con ellos y pídeles que te ayuden durante tu proceso de conexión.

Si estás leyendo esto para ayudar a alguien que está tratando de probar nuevas técnicas de afrontamiento, esto es algo que puedes ofrecer con delicadeza o incluso modelar, sin decir: "Oye, te voy a ayudar en este momento con tu desmadre de cerebro". Por ejemplo, puede que le pongas aceites esenciales a las bombillas de mi oficina y hablar sobre enfocarse en el olor. Usualmente estoy descalza, así que hablaré sobre cómo me gusta sentir mis pies directamente en el suelo. Puedo hablar muy gentilmente sobre los colores en las paredes, las texturas en las mantas de la habitación, los materiales sensoriales que tenemos para los niños que a todos los adultos también nos encantan.

Si noto que el pánico aparece en un amigo o miembro de la familia que conozco lo suficientemente bien como para tocarlo incluso cuando se desencadenan, puedo poner mis manos sobre sus hombros y presionarlas ligeramente mientras les hablo sobre lo que noté que está sucediendo.

Muchos consejeros están usando herramientas sensoriales de las que nuestros primos de terapia ocupacional han estado hablando durante décadas. Mantas de peso ligero con el tamaño y el peso suficiente para colocarlas en el regazo, los pies o alrededor del cuello también pueden ser de gran ayuda.

MEDITACIÓN DE ATENCIÓN PLENA

Okey, antes que todo comencemos por obtener toda la definición-y. Tendemos a usar la atención plena y la meditación como términos intercambiables. O no de una manera intercambiable pero aún así bien pinche confusa. Realmente no están designadas a ser intercambiables, pero tampoco tienen la intención de confundir.

La meditación es cuando intencionalmente dedicas tiempo aparte para hacer algo que sea bueno para ti. Hay muchos tipos de meditaciones (oración, ejercicio, arte, etc.).

La atención plena es tanto una conciencia general del mundo (notar tu existencia y la existencia de todo lo que te rodea) Y la práctica de meditación formal. Son dos cosas, no una.

Así que puedes meditar sin ser particularmente atento y puedes ser consciente sin meditar. Pero la meditación y la atención plena se superponen cuando hacemos meditación de atención plena, lo que significa que estamos reservando un tiempo para ese enfoque intencional en nuestra conciencia del mundo ... que incluye el funcionamiento de nuestra propia mente.

He incluido algunos de mis libros favoritos sobre el tema en la lista de lectura recomendada. Hay personas que son mucho más inteligentes que yo sobre esto. Pero aquí está la guía básica para comenzar.

Siéntate derecho. Si puedes hacer esto sin apoyo para la espalda, como en el piso sobre un cojín, entonces bien por ti. Si necesitas una silla con respaldo recto, haz eso. Si no puedes sentarte en absoluto, también está bien. Ponte en la posición que sea más cómoda. La razón por la que sentarse es mejor que acostarse es que el objetivo es quedarse despierto, no quedarse dormido. Pero el punto también es no estar gritando de dolor, así que no te estreses.

Enfoca suavemente tus ojos para que no estén cerrados, pero están viendo sin ver realmente. Sabes a lo que me refiero. Despeja tu espacio visual porque a lo que realmente vas a prestar atención está dentro de ti. Y ahora vas a inhalar y exhalar.

Y enfócate en tu respiración. Si nunca has hecho esto antes, va a ser raro y difícil. Pero para que quede claro, si lo has hecho un millón de veces, es probable que aún sea raro y difícil.

Si te das cuenta que estas distraído, simplemente etiquétalo como "pensando" y vuelve a enfocarte en tu respiración. Pensar no es un fracaso en lo más mínimo. Va a suceder. Tomar nota y devolver la mente al momento presente es el punto. Así que es una misión cumplida.

Mucha gente se siente mal durante la meditación, pensando que son malos en esto porque se distraen continuamente con los pensamientos de platicas internas. Está bien. Tu cerebro está buscando desesperadamente contar historias. Todo tipo de cosas que distraen van a surgir. Vas a pensar en lo que necesitas para cocinar la cena. O una conversación que tuviste en el trabajo. O si deberías o no comprar zapatillas nuevas o ir a ver una película este fin de semana.

Debido a que la conexión predeterminada del cerebro es el modo de narración, ¿te acuerdas? Y no te distraes con los eventos externos, por lo que el modo predeterminado tiene todo tipo de historias que contar. Pero aquí está la cosa sobre la meditación de atención plena … la investigación muestra que interrumpe el proceso de narración de la conexión predeterminada. Cuando solíamos pensar que la única forma de hacerlo era una distracción por los eventos externos y el estímulo.

Y ni siquiera voy a fingir que esto es fácil de hacer cuando estas acelerado. Pero es importante al menos intentarlo. Porque parte de un ataque de pánico son las historias que nuestro cerebro comienza a contarnos sobre el ataque en sí. Y generalmente no es una historia bonita. Debido a que los productos químicos liberados durante una ansiedad o ataque de pánico están diseñados para aumentar tu respiración y acelerar tu corazón. Entonces tu cerebro está insistiendo en que va a tener un ataque al corazón o que deje de respirar. Eso no va a suceder en realidad. Cuando captes ese pensamiento, recuerda que es una respuesta bioquímica, pero no la realidad.

Sigue respirando. El esfuerzo continuo y consciente de respirar y tensar disminuirá tu ritmo cardíaco y te ayudará a que fluya más oxígeno. Literal es un contrapeso químico. La meditación libera todas las sustancias químicas que contrarrestan la alteración del cerebro: dopamina, serotonina, oxitocina y endorfinas. Y es más barato que el Crossfit. Seis mil años de práctica budista tienen algo a su favor, ¿no?

Trata tus reacciones corporales como cualquier otro pensamiento casual. La comezón es común. Si te da comezón, etiquétalo *pensando* tres veces antes de ceder a la necesidad de rascarte. Te puede sorprender la frecuencia con la que tu cerebro crea cosas para que te desconcentres. Cuando empecé a meditar, mi nariz comenzaba a gotear. Mi instructor de meditación se dio cuenta de mi impresionante habilidad de auto-distracción y comenzó a guardar pañuelos en su cojín para mí. No me permitieron levantarme. Usé un pañuelo y volví a mi respiración. Por supuesto, si tienes un dolor real, nunca lo ignores. Reacomódate y no seas un héroe.

Si tienes a alguien que te está ayudando a superar esto, pueden estimular tu atención mental diciendo algo como: "Oye, ¿qué estás notando en este momento?" O relajación progresiva diciendo: "Bien, empecemos con tus manos. Están realmente apretadas, ¿puedes extender los dedos en lugar de subirlos? "A veces la meditación se hace más factible si tienes a alguien que medita contigo, te ayuda a sentirte apoyado y en el buen camino.

ORACIÓN

Así que acabamos de definir la meditación de atención plena, ¿verdad? La meditación no es más que escuchar. La meditación es el proceso de tranquilizarnos lo suficiente como para escuchar lo que está sucediendo dentro de nosotros. Nuestras mentes son expertas al crear interminables conversaciones que a menudo respondemos sin escuchar primero. La meditación es la voluntad de escucharte a ti mismo antes de hablar.

¿Qué tiene que ver la oración con eso? Puede que en este momento me estés tirando al león, yo se. ¿Oración? No soy religiosa. Pero lo que tenemos, como cultura, acordamos en llamar la oración simplemente **hablando con**. Hablando con nosotros mismos o algo más grande que nosotros sobre nuestros anhelos, necesidades, deseos e intenciones. ¿Recuerdas el cerebro de la narración? La oración es un mecanismo natural del cerebro narrador. Hablar sobre nuestra situación de esta manera puede ser mucho más poderoso que hablar con un amigo, un familiar o un terapeuta. Es una experiencia fundamental que nos ayuda a ser más conscientes de nuestros pensamientos, sentimientos y comportamientos. Esto es lo que está pasando. Esto es lo que quiero. Esta es la ayuda que necesito.

MÚSICA

Simplemente a quién no le gusta la música, ¿o no? Solo las mismas personas que odian el olor del pan recién hecho y no entienden lo adorables que son los bebes perezosos.

¿Sabes cuánto de nuestro día pasamos escuchando música? Alrededor de cuatro mendigas horas. La música es primordial. Los científicos del ITM recientemente descubrieron formas de probar que tenemos neuronas específicas en el cerebro que prestan atención solo a la música, ignorando todos los demás ruidos auditivos. Los cerebros tienen cuartos de música. Y, tal vez, la música existía antes que el habla. Y es por eso que el habla se desarrolló ... para acompañar nuestra música. Y observa cuánto de nuestra arquitectura inicial se diseñó en torno a nuestra necesidad de música. En todas las culturas, los templos sagrados se diseñaron alrededor de nuestra necesidad de crear música en comunión.

La música es tanto primordial como comunitaria.

Y todos usamos la música de diferentes maneras. Algunas personas quieren música que sea calmante cuando están angustiados. Otros quieren escuchar cosas que son ruidosas y vulgares y coinciden con lo que está sucediendo dentro. Y otros quieren cosas que sean alegres y movidas para que puedan tener su momento de *Disfrutar*.

Crecí escuchando viejos discos de jazz mientras los otros niños menos raros que yo veían Plaza Sésamo. ¿Entonces adivina qué es lo que más me relaja? Discos viejos de jazz. O cuando necesito un levantón, me gusta usar la música que escucho cuando hago ejercicio. Tiene una ritmo que conecta con el movimiento físico. Puede ser que mientras estoy limpiando la casa lo use para bailar, o incluso para prepararme para el evento al que estoy manejando.

¿Qué funciona para ti?

Tener música que ayude a tu cerebro a conectarse a un estado relajado o activo pero no a un estado de pánico puede ser realmente valioso. Especialmente ahora, cuando todos, incluyendo a los bebes huevones, tienen teléfonos en los que pueden sincronizar una lista de canciones. Así que crea unas cuantas listas de canciones. Piensa cuáles son tus canciones. ¿Cuál es tu canción de pelea? ¿Tu himno personal? ¿Las canciones que reflejan tu mejor yo? ¿Las canciones que te recuerdan que vale la pena vivir? Tenlas listas para escucharlas cuando las necesites.

EJERCICIOS DE AUTOCOMPASIÓN

La autocompasión es totalmente el polo opuesto de la autoestima. La autoestima viene del exterior. ¿Te va bien en el examen? Buenísimo para la autoestima. ¿Te va mal? Le das un trancazo a la autoestima. La autocompasión significa ser igual de amable contigo mismo que con tu mejor amigo. Es una intención de honrar nuestras imperfecciones como seres humanos. No significa que ya estamos libre de pecado, ni tampoco excusa para que seas un desmadre. De hecho, las personas con autocompasión están más motivadas a ser mejores seres humanos porque piensan que vale la pena el esfuerzo.

Trátate con amabilidad, comprensión y respeto propio. Pregúntate a ti mismo, ¿qué dirías si esto le estuviera pasando a tu mejor amigo? ¿Qué te diría Buda en este momento?

Han pasado cosas sorprendentes cuando le he enseñado a personas las habilidades de autocompasión sugeridas por Kristen Neff y Christopher Germer (encuentra su trabajo en la sección de lectura recomendada). La primera vez que esto paso, estaba enseñando a una sala llena de terapeutas que trabajaban en sus doctorados de investigación. Resulta que una de están personas también había sido medico.

Ya sabes. Fuertes, enfocados, grandes triunfadores. Les pedí que pusieran sus manos sobre sus corazones y que se recordaran a sí mismos que sienten sufrimiento. Que este sufrimiento es parte del condición humana. Y darse permiso de ser bondadosos consigo mismo y perdonarse sus imperfecciones.

¿Te acuerdas de la terapeuta medico/doctorado/de lujo mencionada hace rato? Ella hizo el ejercicio y su cara se lleno de lagrimas. Esta persona, que yo increíblemente admiraba, nunca se había tomando el tiempo suficiente para mostrarse el mismo nivel de compasión que le mostraba a las personas con las que trabajaba.

Inténtalo tú mismo.

Pon tu mano sobre tu corazón y expresa tu sentimiento de sufrimiento. Recuerda que el sufrimiento es parte de la humanidad. Dite a ti mismo que te mereces bondad y perdón, y esto comienza siendo un trabajo interno.

MANTRAS / ESTRATEGIAS POSITIVAS DE AUTO CONVERSACIÓN

¿Esto te hace sentir ridículo? Siempre que trataba de decirme cosas positivas me sentía cursi, pero también me di cuenta que esto FUNCIONÓ. Piensa como si estuvieras deteniendo el casete que esta tocando amígdala.

Sí, sé que estás enloqueciendo ahora. Pasará y te sentirás mejor. Sigue respirando. Tu puedes con esto aunque no se sienta como tú.

¿Sabes lo qué apesta? Esto ahora mismo. ¿Sabes qué ayuda? Que esto no es permanente. Y te has ganado una premio por el simple hecho de lidiar con esto hoy.

Tus estrategias de auto conversación las puedes poner con tus tarjetas de afrontamiento si las estás utilizando. Y esto es algo con lo que definitivamente puedes pedir ayuda. Hazle saber a la gente qué mantras estás usando y haz que te recuerden cuando estás luchando.

EJERCICIO

Que flojera el Crossfit y los asquerosos licuados de espinacas. Pero el ejercicio libera endorfinas. ¿Versión corta de eso? Las endorfinas tienen habilidades locas de ninja ... bloquean nuestra percepción del dolor y aumentan los sentimientos positivos ... ambos contrarrestan la respuesta al estrés. ¿Lo que significa que esas personas súper saludables que dicen sentir una dosis alta de adrenalina cuando corren? No estas mintiendo. Anomalías de naturaleza, tal vez. Pero definitivamente dicen la verdad.

Estas en el derecho de elegir una forma de ejercicio que puedas tolerar. No soy fanática de la sudor y el esfuerzo físico en torno a la salud. Pero mi médico me sigue diciendo que alcanzar una galleta no cuenta como un ejercicio, así que tengo que hacer ALGO. Me gusta nadar, caminar y hacer caminatas ... son mucho más relajantes y meditativos para mí que los deportes en equipo competitivos (pero si eso es lo tuyo ... ¡continúa con tu extraña identidad!). Aún mejor es cuando voy de excursión con mi mejor amiga. Hacemos ejercicio al mismo tiempo nos podemos a hablar de todas las personas que conocemos.

Encuentra algo que te guste. Puede ser tan intenso o suave como quieras, pero prueba cosas. La mayoría de los lugares ofrecerán una clase gratis o una semana gratis, así que echa un vistazo. Tuve un cliente que se enamoró del boxeo al probar una clase gratuita. Fue un gran ejercicio y la hizo sentir más capacitada, y en control de sus experiencias.

ANÍMATE A ESTAR AFUERA

A veces, hacer algo se siente mucho más pesado de lo que resulta ser. Mantenerse vertical es bastante difícil o no va a haber ninguna meditación o ejercicio o cualquier otra cosa rara.

Si no puedes hacer nada más, trata de salir a la luz del sol. Incluso si solo es para sentarte en un banco mientras tomas tu café de la tarde o algo así. La luz solar aumenta la producción de vitamina D y la serotonina. Ambos te darán un pequeño impulso químico sin tener que tomar una pastilla. Es difícil sentarse con el sol y sentirse como un imbécil al mismo tiempo. Y créeme, lo he intentado. Normalmente me animo a pesar de mí misma.

Si vives en un lugar gris y sombrío, es posible que desees invertir en una lámpara personal de luz solar que mantengas en tu lugar de trabajo. Cuando mi hermano se fue de Texas para ir a la escuela en la costa este, se encontró luchando contra el trastorno afectivo estacional (TAE). Simplemente no estaba recibiendo suficiente luz solar para luchar contra los bajones. La lámpara hizo una gran diferencia.

CUANDO ESTÉS LISTO: MEMORIAS Y DUELO

Una vez que tengas una serie de habilidades que te ayuden a manejar las respuestas que te han estado controlando, puede que estés pensando en lidiar con tu historia.

La parte que funciona de las habilidades de afrontamiento es super importante. Muchas personas se sienten obligadas a hablar sobre lo que está sucediendo con ellos sin tener una manera de sentirse seguros en el proceso. Desencadena como el infierno y termina volviendo a traumatizarlos.

Entonces, estas técnicas son cosas que solo haces cuando estás listo, cuando y si contar tu historia es algo que te ayudará a seguir adelante, y con alguien que pueda estar contigo durante esa experiencia.

ESCRITURA O DIARIO

Los ejercicios de escritura o escribir en tu diario, especialmente cuando te tomas el tiempo para ser lento y deliberado y para escribir en papel, puede ser un buen comienzo para compartir tu historia. Es posible que surjan cosas de las que no te habías dado cuenta o que tenías que decir. Algunas ideas para comenzar pueden ser:

• Usar un libro de trabajo que incluye indicaciones de escritura específicas relacionadas con tu situación. Por ejemplo, muchas personas que han lidiado con el trauma sexual infantil han encontrado que los ejercicios de escritura en The Courage to Heal de Ellen Bass y Laura Davis son muy útiles. Tengo clientes que completamos los ejercicios entre sesiones y repasamos. Lo que escribieron juntos.

• Escribir cartas a otras personas. No cartas que realmente mandas, pero lo que querrías decirles si pudieras. Estas pueden ser las personas que te lastiman. O puede ser la gente que amas pero que no entienden con lo qué estás luchando. Averiguar lo que quieres que ellos sepan podría ser un buen punto de partida para comprender tu propio proceso. Y tal vez comenzar una nueva conversación con ellos, si es posible.

• Escribe una carta a tu futuro yo. Escribe sobre todo lo que pasó para llegar al lugar más saludable en el que estás trabajando en tu futuro. Escribe todas las cosas por las que pasaste y cómo las superaste ... como si ya lo hubieras hecho. Lo que surja te puede sorprender.

CONTANDO TU HISTORIA

Esto simplemente significa hablar sobre tu trauma y otras cosas que han impactado tu vida, como los recuerdas y percibes. No se trata de una verdad literal, sino de la historia que has estado llevando contigo y que ha afectado tu conexión durante tanto tiempo.

Hablamos de que el cerebro es un cerebro narrativo. Crear una nueva historia significa entender primero la que ahora llevamos. A veces la historia termina sorprendiéndonos. Ni siquiera nos damos cuenta de toda la odiosa mierda que nos estamos diciendo a nosotros mismos hasta que sucede con nuestra voz fuerte.

Preparar a las personas para hacer este tramo es una gran parte de la terapia del trauma. Pero muchas personas pueden hacerlo con la ayuda de amigos, familiares u otros seres queridos. Si bien la terapia grupal puede ser realmente beneficiosa, probablemente este no sea el lugar donde contar todos los detalles de tu historia, ya que puede ser una experiencia desencadenante para otros miembros del grupo. En mis años de trabajo en grupo, elegíamos un título para el evento (por ejemplo, "cuando ocurrió la violación"), cuando procesamos los problemas relacionados con el evento, pero no discutimos los detalles del evento en sí durante el grupo.

El trabajo real de compartir la historia generalmente comienza con un terapeuta capacitado ... porque tenemos el conjunto de habilidades para tener espacio para ti y podemos sentarnos con todos los sentimientos fuertes que surgen para ti sin juzgar, corregir o desencadenar nuestras propias experiencias.

Si quieres tener esta conversación con un amigo, familiar u otro ser querido en su lugar, ten en cuenta que la persona puede estar pasando por su propio desmadre. Escuchar tu desmadre puede no ser algo con lo que puedan lidiar, y eso es totalmente valido. Pueden pensar que pueden, pero luego se dan cuenta de que se están desencadenando. Antes de comenzar, dales permiso para detenerse en cualquier momento. Muchas veces, las personas comparten sus historias con un terapeuta primero y luego invitan a un ser querido y comparten la historia nuevamente con esa persona, con el terapeuta presente para ayudar en el proceso.

CAMBIANDO TU HISTORIA

Contar nuestra historia de una manera coherente a menudo puede ayudarnos a descubrir las partes de la historia que no tienen sentido, o para ver otras perspectivas. Es posible que encontremos más cosas de las que aparecen en la cinta que hemos estado reproduciendo una y otra vez en nuestras cabezas. No hace que las experiencias horribles sean menos horribles, pero puede ayudarnos a encontrar un sentido y trabajar hacia el perdón.

¿Recuerdas todas esas cosas de la ciencia del cerebro sobre cómo tenemos una respuesta emocional y luego creamos una historia para respaldar esa respuesta? Una de las mejores cosas que puedes hacer para desafiar es pensar en cómo estás pensando.

Aquí está la magia. Los cerebros están cambiando todo el tiempo ... y podemos dar forma a ese viaje. Sí, el trauma cambia nuestra estructura genética, pero podemos cambiarlo de nuevo. Las experiencias de la vida remodelan nuestro ADN momento a momento. La guía de Dr. Faith para la epigenética sería un libro completamente diferente, pero lo que necesitas saber es que no estamos destinados a una prisión de nuestras experiencias pasadas.

1) Piensa en la historia que te cuentas a ti mismo y a los demás. Revisa la historia que compartiste en el ejercicio anterior. ¿Qué aspectos pueden faltar? ¿Qué más hay que incluir?

2) ¿Cómo es esta una historia de tu supervivencia?

3) ¿Quiénes son las otras buenas personas? Los cuidadores y los ayudantes? ¿Qué hicieron y cómo lo hicieron?

4) ¿Qué hay de las cosas que hiciste de las que no estás orgulloso? ¿De qué manera fueron las mejores decisiones que pudiste tomar por ti mismo en el momento? ¿Qué aprendiste de aquellos que puedes usar para avanzar?

VOLVIENDO ALLÍ: RECONEXIÓN

La reconexión significa reconectarnos con nosotros mismos y con el mundo que nos rodea. Así es como nos volvemos a comprometer, hacemos las paces con nuestros cerebros y vivimos una vida plena. Esta parte puede ser una lucha, porque a menudo nos vemos obligados a hacer esto antes de estar listos … antes de que nos sintamos seguros. Y claramente no funciona de esa manera. Cuando tu "reconexión" es forzada por la voluntad de los demás, se convierte en otra forma de trauma … porque te quitaron tu poder se fue quitado. Otra vez.

Haz esto cuando estés listo. Y sí, es posible que necesites empujarte un poco. Pero ahora tienes las habilidades de arraigo y afrontamiento para recordarte que estás a salvo.

USA TU HISTORIA PARA CREAR SIGNIFICADO

Las personas más sanas son las que encuentran sentido en el caos. Los que cada vez pueden encontrar el unicornio en un montón de mierda.

No hace que las cosas horribles que suceden sean menos horribles con tonterías como "Oh, eso era la voluntad de Dios, había una lección que aprender". Porque si Dios quería que aprendieras algo, había maneras mucho más fáciles de aprender, estoy muy segura.

Pero podemos aprender habilidades de resistencia y fortaleza a través de las cosas terribles que suceden. Pueden hacernos seres humanos mejores, más fuertes, más compasivos y más comprometidos.

1) Aprende de tu pasado. Tu pasado es tu experiencia de aprendizaje, no la rutina que usa tu cerebro y sigue tratando de vivir. ¿Qué has aprendido que quieres seguir adelante? ¿Qué has aprendido sobre ti mismo y tu capacidad para sobrevivir y curarte? ¿Qué puedes soltar para poder seguir adelante?

2) Aprende de tu futuro. Sabes a dónde quieres ir, qué tipo de persona quieres ser. Pregúntale a esa persona qué necesita hacer ahora para llegar allí. Pídeles que compartan sus secretos de éxito.

3) Usa ambos en tu presente. Sigue siendo consciente de qué y cómo piensas. ¿Qué de tu pasado llevas? ¿Qué de tu futuro? ¿Qué tienes para ofrecer a otros como un beneficio de lo que has pasado? ¿Qué empatía y apoyo puedes compartir? ¿Cómo puedes ayudar a otros a no estar solos? ¿Cómo puedes abogar por un cambio en tu comunidad?

ENCONTRAR EL PERDÓN

El perdón es una magia seria, profunda y poderosa. Mucha gente piensa que perdonar significa perdonar a quienes los han lastimado. Y hay verdad en eso. Pero más aún, he encontrado que la gente realmente está trabajando para perdonarse a sí mismos. La persona de la que están más enojados y avergonzados es DE SI MISMOS. Y han estado llevando el peso de eso alrededor durante años.

Acordarse que estabas haciendo lo mejor que podías con la información y las habilidades que tenías en ese momento es sumamente importante. Y recordar que las personas que nos han lastimado también están destrozadas y jodidas es casi tan importante.

Thich Nhat Hanh es un monje conocido y maestro zen vietnamita. Él es el hombre que Martin Luther King Jr. llamó "un apóstol de la paz y la no violencia" cuando lo nominaron para el Premio Nobel de la Paz.

También es un hombre que tuvo un padre muy abusivo mientras crecía. Habla de imaginar a su padre como un niño de tres años, antes de que el mundo lo transformara en el hombre enojado en el que se convirtió. Y afirma que se imagina a sí mismo como un niño de tres años, parado frente a su padre. Su yo de tres años sonríe a su padre de tres años, quien luego le devuelve la sonrisa.

Él no lo llama una práctica de perdón, pero absolutamente lo es. ¿Recuerdas ese rollo de la autocompasión al comienzo del libro? La compasión es parte integral del perdón. Primero nosotros mismos, luego otros.

CONSTRUYENDO RELACIONES CON LIMITES SALUDABLES

Nadie se propone a tener relaciones jodidas. Pero tenemos la costumbre de elegir a las personas con quienes estar, lo que nos permite seguir reproduciendo las mismas cintas una y otra vez. Cuando seas dueño de tu historia, puedes descubrir cómo detener la cinta y volver a estar a cargo de tu cerebro, y te sorprenderá la cantidad de tonterías que estabas aguantando a tu alrededor.

Podrás articular limites claros para ti mismo y desbloquear tus relaciones en el proceso. Puedes comenzar a dejar salir a las personas de tu vida cuando te des cuenta que ellos no pueden con tu nueva fortaleza de carácter. Eso puede ser una cosa realmente difícil de procesar. Asegúrate de contar con el apoyo de personas más sanas a tu alrededor que apoyan tu trabajo estableciendo limites mientras realizas esta transición.

Si tus limites han sido violados en el pasado, es posible que no sepas cómo crear limites que no sean demasiado rígidos o demasiado permeables. Comienza por hacerte las siguientes preguntas:

1) ¿Es esta una persona que me desafía a ser mi mejor yo o está aquí porque prefiero eso que estar solo?

2) ¿Estar solo es lo mismo que estar solo? Si no es así, ¿cómo distingo las diferencias y cómo las manejo como situaciones diferentes?

3) ¿He estado (o estoy) comunicando mis límites de manera efectiva o estoy esperando que otras personas descubran lo que quiero?

4) ¿Cuáles son mis límites? ¿Qué cosas rompen el trato? ¿Qué es negociable? ¿Qué no es un problema?

5) ¿Han cambiado estos límites con el tiempo? ¿Los veo tal vez cambiando en el futuro?

OBTENIENDO AYUDA PROFESIONAL: OPCIONES DE TRATAMIENTO

Hay muchas maneras de poner en forma el trasero de tu cerebro. Y la mayoría serán cosas que haces por tu cuenta.

Pero a veces por tu cuenta no es suficiente. Si no estás mejorando o no mejoras a la velocidad que te gustaría, podría ser útil obtener ayuda con alguien que tenga las habilidades, los recursos, la capacitación y la perspectiva de tu situación que tu no tienes.

Mi intención aquí es ayudarte a considerar las diferentes maneras en que puedes volver al bienestar. Muchas de las cosas que he encontrado para ayudar son cosas que no han sido comunes en la práctica de la medicina occidental. Sin embargo, he notado que esto está realmente cambiando. Y cambiando rápido.

Hace unos diez años tuve un cliente en el hospital estatal local que di de alta usando melatonina en lugar de Ambien y en ese momento, creo que grité de lo emocionada que estaba. Ambien es un sedante bastante fuerte, generalmente recetado para el insomnio. Probablemente has escuchado historias de las locuras que la gente ha hecho sonámbulo con Ambien.

Por otro lado, la melatonina es un suplemento que puedes comprar sin receta. Es una hormona que producimos naturalmente que nos ayuda a sintonizar nuestro ciclo de sueño. Muchas de las personas que lo usan han descubierto, que no solo les ayuda a quedarse dormidos sino que también les ayuda a permanecer dormidos, sin necesitar receta, los efectos secundarios y lo caro que esta el Ambien. Ese cambio en particular fue el primer paso que vi en la medicina con un enfoque diferente. Cada vez veo a más y más practicantes occidentales (como yo) incorporando tratamiento complementario y holístico o refiriendo a nuestros pacientes para que lo hagan.

Sí, soy una de esas personas que ama lo descabellado. Pero creo en evidencia basado en lo descabellado. Cualquier cosa que haya sugerido tiene alguna investigación que puedo mostrar a mis clientes y a las demás personas involucradas en su cuidado. He tenido conversaciones increíbles con médicos en mi comunidad cuando hablo de agregar terapias complementarias y comparto la investigación que he recopilado.

A continuación, leerás sobre muchos tipos de medicamentos complementarios. Se llama así por una razón. La intención es aumentar, no necesariamente reemplazar. Fui entrenada (y tengo licencia en) terapia de conversación tradicional. Y NUNCA sugeriría deshacerse de los medicamentos recetados que han ayudado a las personas a mantenerse con vida.

Pero también creo en la moderación ... ¡incluso en la moderación misma! Así que revisemos las opciones de tratamiento que pueden ser beneficiosas para este asunto del cerebro que está sucediendo contigo.

TERAPIA DE CONVERSACIÓN TRADICIONAL

Pues si. Esta es lo que hago. Soy una consejera profesional con licencia. Soy una terapeuta de conversación hecha y derecha. La terapia de conversación tiene una gran capacidad de curación, con apoyo de otros tratamientos o, a veces, solo. Un buen terapeuta tiene el beneficio de su entrenamiento y una perspectiva de tu vida que no tienes, porque no está viviendo las experiencias que tu estás viviendo, al menos no en este momento; puede proporcionar información, entrenamiento e intervenciones para ayudarte a mejorar tu recorrido.

Si estás buscando un terapeuta, entonces quieres trabajar con alguien que tenga licencia. Los entrenadores de vida y otros profesionales certificados y similares pueden hacer un trabajo increíble, pero es probable que no tengan la capacitación y los recursos para ayudarte a través del trabajo emocional más intenso que tiene un terapeuta. De hecho, trabajo con varias personas con este tipo de certificaciones que se asocian conmigo para asegurarse de que haya alguien disponible si el trabajo que realizan con un cliente desencadena una respuesta de trauma que no pueden manejar.

Si estás trabajando a través de un trauma, busca un terapeuta que haya recibido capacitación sobre el trauma y averigua qué tipo de capacitación y qué certificaciones tiene. Todo esto debería esta en su página de internet, ¡y que no te de pena preguntar si no está!

Si sabes que prefieres un cierto estilo de terapia, como la terapia cognitiva conductual, busca esa información. Si una base espiritual es importante para ti, ¡busca eso también!

MEDICAMENTOS ALOPÁTICOS

Alopático solo significa tratamiento convencional. Medicina occidental. La mierda que ya conocemos. Las cosas de las recetas medicas. No hay nada malo con el tratamiento alopático, la medicación salva vidas. Si me rompo el brazo, no quiero que alguien me unte hierbas, lo quiero en su lugar y enyesado.

¿Cuál es el problema? Como sociedad, nos estamos moviendo cada vez más hacia la medicación como la primera (y única) línea de defensa para el manejo de la enfermedad mental, en lugar de centrarnos en las causas fundamentales. ¿Ansioso y deprimido? Tenemos medicamentos para eso. Y en lugar de usarlos para ayudar a aliviar los síntomas mientras se realiza otro trabajo en las causas principales, se convierte en una rutina de ajuste constante de la medicación con poco apoyo adicional.

Esto lleva a una medicación excesiva, a un montón de efectos secundarios, y luego a más medicamentos para controlar los efectos secundarios. Estamos viendo más y más historias de personas medicadas hasta el punto de toxicidad.

Y los medicamentos realmente no funcionan tan bien inclusive cuando fabricantes gastan miles de millones en publicidad para convencernos. Por esa misma razón, la mayoría de las personas terminan no tomándolas después de un tiempo. Y la Organización Mundial de la Salud confirmó un estudio a largo plazo que mostró que en los países del tercer mundo donde los medicamentos antipsicóticos ni siquiera están disponibles, las tasas de recuperación fueron en realidad MÁS ALTAS. Por qué si los medicamentos no estuvieran disponibles, no podrían ser el enfoque del tratamiento.

Así que se trataron las causas. En su lugar, se proporcionó un sentimiento de significado y comunidad. Y la gente mejoró.

La medicina alopática no tiene que ser, y con frecuencia no debería ser, el final del tratamiento. Pero en algunos casos, ayuda a que el obtener mejores resultados suceda más rápido. Mi amigo Aarón es médico (sí, un médico REAL que puede recetar medicamentos, a diferencia de mí, que digo pura mierda) usa esta analogía:

Imagina que estás en un barco en medio del océano y hay una fuga en la estructura. Es posible que puedas drenar el agua y dejar suficiente agua para llegar a la orilla. Es posible que puedas sumergirte debajo del agua y tapar el agujero. Pero, probablemente, funcionaría mucho mejor si utilizaras la bomba para bajar el nivel del agua y poder alcanzar el orificio mejor. El medicamento es la bomba que te mantendrá a flote mientras tu y el terapeuta tapan el agujero.

Sí, sí. Las medicinas a veces ayudan. ¿Pero cómo? Si sabemos que una reacción de trauma cambia la química cerebral, ¿qué están haciendo los medicamentos para ayudar a solucionarlo? Para variar ahí te va otra analogía del Dr. Aaron.

Imagina que eres una base de la Fuerza Aérea. Todo está bien, entonces, de repente, todas las luces se apagan y el radar se apaga. No vas a asumir que solo porque hace un segundo todo estaba bien, todavía lo esta. Vas a asumir un ataque. Cuando tienes un trastorno de estado de ánimo, tu radar ha perdido las comunicaciones con el resto de la base, por lo que deduce un ataque, todo el tiempo. Vamos a reconectar las comunicaciones para que tu detector de amenazas, que asumimos que está haciendo su trabajo, este hablando nuevamente con la unidad de respuesta a amenazas.

Prozac se introdujo en 1987, 30 años antes de la publicación de este libro. Fue el primero de muchos antidepresivos en llegar al mercado en los años siguientes. Sin embargo, las tasas de suicidio han seguido subiendo en los Estados Unidos. Y esta es exactamente la razón por la cual las analogías del Dr. Aaron son tan buenas. La medicación como herramienta. La medicación como algo potencialmente salvador. NO A la medicación como singular cura todo. Y nunca debe ser un mecanismo para controlar a las personas en lugar de los síntomas, que están ocurriendo cada vez más. Ciertas poblaciones, como los sistemas penitenciarios y los sistemas de cuidado de crianza, reciben medicamentos psicológicos a tasas mucho más altas que los demás. Que esta jodidamente mal en mi punto de vista sobre la curación.

Existe una tendencia creciente a desconfiar de los medicamentos psicológicos alopáticos. Pero un efecto secundario de esta tendencia es que en realidad AUMENTA el estigma y la vergüenza de las enfermedades mentales.

Cuanto más podamos hacer para fomentar la capacidad del cuerpo para adaptarse y curarse, mejor. Los medicamentos pueden ser una parte integral de ese viaje, aunque rara vez son las únicas herramientas que utilizamos. Educarte y abogar por ti mismo acerca de los medicamentos recetados aumentará considerablemente la posibilidad de que se utilicen correctamente contigo. Hay portales informativos de buena calidad como Mayo Clinic, WebMD y FamilyDoctor que pueden ayudarte a leer más acerca de los diferentes tipos de medicamentos para problemas de salud mental, de modo que puedas tomar una decisión más informada sobre lo que metes en tu cuerpo.

MEDICAMENTOS NATUROPÁTICOS

Lo sé, lo sé: "Haber, dime más de eso" parece un poco entretenido.

Parte de la razón por la que los suplementos dietéticos tienen una mala reputación es porque muchos de los que están en el mercado son una basura. Apenas en el 2015, el Fiscal General de Nueva York aprobó un montón de suplementos y envió una gran cantidad de cartas de prohibición y abandono a las compañías de suplementos herbales basándose en el hecho de que gran parte de lo que probaron no tenía ningún ingrediente activo. Y la Universidad de Guelph en Canadá estudió un montón de suplementos y encontró muchos ingredientes no incluidos en la lista, muchos de los cuales podrían alentar una respuesta alérgica si alguien los toma. O bien, son versiones sintéticas del producto en lugar de la hierba extraída o el alimento completo. Y los sintéticos generalmente tendrán más efectos secundarios porque el cuerpo humano se esfuerza por reconocerlos como nutrientes.

Entonces sí, la investigación sobre la eficacia de ciertas hierbas y soportes alimenticios es legítima. Y luego nos sentimos estúpidos y/o estafados cuando no nos funcionan. Tuve esa experiencia con un Kava barato que probé hace años. Me ponía seriamente irritable y no exagero. Tenía miedo de probar Kava nuevamente hasta que aprendiera más sobre cómo encontrar y usar productos de calidad. Fui educándome sobre medicamentos recetados, pero de alguna manera nunca se me ocurrió que debería tratar los suplementos con la misma seriedad.

Cuando se trata de controlar el estrés, la ansiedad, la depresión y otros síntomas relacionados con el trauma, existen ciertas fórmulas que se han utilizado con eficacia durante siglos. Kava, como se mencionó anteriormente, es un buen ejemplo. Tal como la hierba de San Juan ... y quizás otras que has visto en las noticias. Mis recomendaciones suelen depender de los aspectos específicos de la presentación y las reacciones traumáticas de mi cliente, pero ese es un libro completamente diferente. Y sí, prometo que lo estoy escribiendo!

EN VERDAD vale la pena ver a un herbolario, a un profesional de la medicina china o a un especialista en nutrición clínica antes de comenzar a comprar en tu tienda local de alimentos saludables. No tienes que comprar programas lujosos y caros o limpiezas para beneficiarte de la atención naturopática.

OTRAS TERAPIAS COMPLEMENTARIAS

Las terapias complementarias no están diseñadas para diagnosticar o tratar síntomas. ESTÁN diseñadas para apoyar la capacidad natural del cuerpo para sanar. Me encanta el enfoque de darle a mi cuerpo y mente lo que necesitan para cuidarse siempre que sea posible. Muchos tratamientos tienen un montón de apoyo adicional que respaldan su eficacia. Y muchos de ellos se pueden usar solos o con prácticas occidentales (como la terapia de conversación tradicional o los medicamentos alopáticos). Algunos de los más comunes, con la mayor investigación detrás de estos incluyen:

ACUPRESIÓN / ACUPUNTURA

La acupresión y la acupuntura utilizan los mismos principios, pero la acupuntura implica el uso de las agujas reales en la piel, mientras que la acupresión implica el toque de ciertos puntos en lugar de romper la piel.

Sin embargo, ya sea golpeando o utilizando agujas, funciona al estimular ciertos puntos del cuerpo para promover la curación y/o reducir el dolor. Lo realmente interesante es que en la medida en que aprendemos más sobre el sistema nervioso, estamos viendo muchos puntos en común en los mapas de nervios y en las gráficas de acupuntura de 5000 años. Sabemos que las reacciones de trauma son una respuesta de todo el cuerpo cuando observamos la mierda que el sistema límbico trata de hacernos, ¿o no? Gran parte de esta respuesta se comunica en el cuerpo a través del nervio que acabo de mencionar. ¡Así que, después de todo, hay algo para todas esas cosas raras!

Ahora soy una gran fanática del uso de alimentos enteros y suplementos de hierbas para substituir de medicamentos recetados. Es algo de lo que vale la pena hablar con tu proveedor de atención médica. Muchos doctores de medicina occidental están subiendo a bordo, y hay muchos practicantes holísticos legítimos también.

Si estás interesado en una combinación de acupresión con terapia de conversación, existen formas de acupresión que algunos terapeutas usan … con mayor frecuencia, la Técnica de Liberación Emocional (TLE), que combina la acupresión y las estrategias de conversación autónoma. La TLE es algo que haces tú mismo con la guía del practicante, usando los mismos puntos de activación principales que usa un acupunturista (ventaja si las personas tocándote te dan ñañaras). El diálogo interno te ayuda a replantear las historias que tu cerebro te ha estado contando mientras creaba otras nuevas en el proceso. Hay un montón de videos gratuitos que te guían a través del proceso básico, aunque un terapeuta te ayudará a modificar los diálogos para resolver tu situación específica.

MASAJE

Todo el mundo sabe qué es el masaje, no tengo que explicarlo. Pero la gente se sorprende cuando lo sugiero como una curación de problemas emocionales, no solo dolor físico. En primer lugar, el dolor físico puede ser absolutamente un síntoma de depresión. Pero incluso si eso no ocurre, el masaje puede ser una forma segura para que las personas aprendan a relajarse y sentirse cómodos en su piel. El masaje funciona como un reinicio del sistema nervioso. Muchas veces después de un trauma, nos sentimos desconectados de nuestros cuerpos. También me doy cuenta de que el masaje puede ser muy desencadenante para ciertos tipos de trauma. Definitivamente no te obligues fuera de tu zona de confort. Algunas personas se sienten más cómodas con un pedicure y un masaje de pies que con un masaje de cuerpo completo. Algunas personas prefieren un baño caliente o una tina caliente en lugar de tener las manos de alguien sobre su piel. Cualquier cosa que se sienta segura para ti mientras te ayude a reconectarte con tu cuerpo físico puede ayudarte a deschingarte mucho más rápido.

TRATAMIENTO QUIROPRÁCTICO

¿Qué? ¿Atención quiropraxia para problemas de salud mental? ¿No es eso para las espaldas malas? Además, el hecho de que la depresión puede manifestarse como dolor físico, la quiropraxia es una forma holística de tratamiento que se basa en la idea de que los ajustes pueden facilitar el apoyo del sistema nervioso. El dolor y apoyo al sistema nervioso son gran parte de una reacción de trauma para muchas personas. Y a veces estos síntomas físicos son mucho peores que los emocionales.

Muchos quiroprácticos (así como también terapeutas de masaje y acupunturistas) también incorporan asistencia nutricional en su trabajo.

CURACIÓN ENERGÉTICA (REFLEXOLOGÍA, REIKI)

La curación energética es una de esas cosas que me parecieron muy extrañas, incluso para mí, durante muchos años. Luego leí más sobre eso y lo probé por mí misma y WOW. Entonces, la energía de curación se basa en la idea de que nuestros cuerpos operan en todas estas frecuencias que podemos aprovechar para promover nuestra curación. ¿Extraño? No tanto. Un estudio mostró que la curación por energía es tan efectiva como la terapia física. UCLA ahora tiene todo un maldito laboratorio que estudia la actividad eléctrica en el cuerpo. Y UCLA es una escuela financiada por el estado. Tienen impuesto monetario invertido en energía curativa. Eso si es seriedad en el asunto.

La reflexología se centra en aplicar presión en las áreas de los oídos, manos y pies con la idea de que estas áreas están conectadas a otros puntos en todo el cuerpo (y la teoría del polivagal lo confirma). Reiki (un término japonés para energía de fuerza vital guiada) es la canalización de energía de un practicante (o de uno mismo) hacia la persona que necesita curación para activar el proceso de curación del propio cuerpo. Estas formas de sanación energética (entre otras) nos ayudan a encontrar los puntos atascados en el cuerpo donde tendemos a mantener nuestro trauma para liberarlos mejor.

¿Y por cierto? La acupresión (el trabajo de perforar como el EFT del que hablé) se considera una forma de curación energética, así como una forma de acupuntura.

BIORETROALIMENTACION / NEURORETROALIMENTACION / TRATAMIENTO ALPHA STIM

La biorretroalimentación es el monitoreo electrónico de todas las funciones corporales que ayudan a las personas a aprender a controlar las respuestas que antes eran automáticas. Neuroretroalimentación se enfoca específicamente en las señales cerebrales con la misma intención de ayudar a las personas a aprender a manejar sus respuestas cerebrales. Tenemos mucho más control sobre nuestras respuestas corporales y cerebrales de lo que creemos, y tanto bio como neuro pueden ser excelentes maneras de aumentar o incluso acelerar nuestro desenlace al darnos retroalimentación inmediata cuando nuestro cerebro y cuerpo comienzan a luchar, a huir, y a paralizar. Esencialmente juegas un videojuego con tu cerebro. Suena como Tron con un carajo, pero tu estas configurado con un juego tipo Pac-Man o algo similar, que solo puedes completar cuando mantienes tus ondas cerebrales en la zona óptima para tu bienestar. ¿Un ejemplo? Mi hijo hizo un trabajo neuro para ayudarlo con el autocontrol y el manejo de los impulsos. Se establecieron protocolos en su juego que lo ayudaron a concentrarse en esa parte de su cerebro. Al ganar el juego, realmente sintió que la presión de la sangre corría hacia esa sección de su corteza prefrontal. ¡Y hasta pudimos ver cambios en su letra después de solo un par de tratamientos!

También incluyo el tratamiento con Alpha Stim en esta sección, ya que aunque es un tratamiento pasivo, está sujeto a los mismos principios. Los Alpha Stims están diseñados para aumentar las ondas cerebrales alfa (que son la gran combinación de calma y alerta que todos anhelamos). Funciona como la neuroretroalimentación, excepto que la máquina hace el trabajo por ti en lugar de que tu entrenes ese estado del cerebro. Ayuda con el sueño, el dolor, ansiedad, y una serie de otras condiciones. Utilizo un Alpha Stim en mi práctica, especialmente cuando los clientes están trabajando en una narrativa de trauma que es importante para ellos, pero causa muchas molestias después de un "día difícil en terapia". También he tenido clientes que lo usan para tener menos síntomas en sus vidas diarias sin otros medicamentos. Alpha Stims debe comprarse con una receta en los EE. UU., pero cualquier consejero puede prescribirlos como yo, no solo un médico.

CAMBIOS NUTRICIONALES

Cuando estamos estresados queremos azúcar como a cada rato. El cerebro necesita glucosa para mantener la fuerza de voluntad y la energía ... por lo que la dieta es tan difícil. Estás privado de la glucosa que necesitas para la fuerza de voluntad. Normalmente, cuanto más estresados y ocupados estamos, peor comemos. Así que es un círculo vicioso y ridículamente frustrante.

Sé que hay muchas guerras de nutrición por ahí. Descubrir cuál es el mejor plan para ti puede ser agotador (¿Paleo? ¿Vegano? ¿Gluten Free? ¿QUÉ DIABLOS DEBO COMER?). ¿Respuesta corta? Nuestro cuerpo funciona mejor cuando lo cuidamos, comiendo los alimentos integrales y saludables que los humanos comieron durante siglos. Y cualquier dieta que sigas te hará más consciente de lo que te estás metiendo en la boca, seguramente. Así que no estoy empeñada en que elijas una sobre la otra. De hecho, todos tienen necesidades dietéticas diferentes, por lo que mi libro de cocina (*The Revolution Will Incluse Cookies, Say Something Real Press*, LLC, 2016) ofrece variaciones en cada receta para algunas de las más populares.

Y seriamente, vale la pena obtener la ayuda de un nutricionista clínico, un profesional de la medicina china o un naturópata capacitado que incorpora trabajo nutricional. Hago trabajo de nutrición clínica en mi práctica. He trabajado con muchas personas solo una o dos veces en modificaciones de dieta y suplementos y eso es todo lo que realmente necesitaban: algunas evaluaciones básicas y consejos para ayudarles a superar la abrumadora información que hay.

La nutrición y la salud mental son en realidad un libro completamente distinto, pero hay ciertos conceptos básicos que pueden ayudar enormemente sin entrar a un culto de alimentación extraña.

• Si comemos de manera saludable aproximadamente el 85% del tiempo y disfrutamos de dulces aproximadamente el 15%, podemos mantener un buen funcionamiento.

• Evita los alimentos industriales lo mas que puedas. ¿Lo más importante de recordar sobre las etiquetas de los alimentos? Tratando de evitar los alimentos con etiquetas. Cuanto más refinado y procesado en máquina sea un alimento, lo más probable es que tu cuerpo no lo reconozca.

• El movimiento en contra del gluten es principalmente sobre la modificación genética del trigo en los EE. UU. y no sobre el gluten en sí mismo, al menos para la mayoría de las personas (celíacos y personas con alergias aparte). Ya que mudarse a Francia o Italia sería ideal, lo mejor que podemos hacer en los EE. UU. es alejarnos lo más posible del gluten y los granos modificados genéticamente. Yo vivo en el sur de Texas, así que vivimos de tortillas de maíz de todos modos. Muchas personas que son totalmente libres de granos usan harina de coco o almendra. Si extrañas el trigo como un dolor físico, prueba la harina de trigo original de einkorn cuando cocinas en lugar de la porquería que venden en los estantes del supermercado.

• Muchas de las personas que no toleran los productos lácteos les va bien tomando leche sin pasteurizar. Yo puedo, mi hijo no puede. Pero puede que valga la pena intentarlo.

• Los endulzantes químicos son basura para tu cuerpo. ¿Aspartamo, sacarina, sucralosa? ¿Los que suelen venir codificados en color amarillo, rosa y azul? Reducir calorías no te está haciendo ningún favor a largo plazo. Una buena opción de endulzante sin calorías es stevia.

• Si sospechas que algo te está haciendo sentir peor, intenta deshacerte de eso durante 21 días. Observa cómo te sientes. Añádelo de nuevo. ¿Notas una diferencia? Tu cuerpo te dirá lo que necesita.

APOYO ENTRE COMPAÑEROS

Existe una gran cantidad de investigaciones que muestran que el apoyo entre compañeros (referido por la agencia federal SAMHSA) son gran parte de los procesos de bienestar y recuperación de muchas personas. Esto tiene sentido. Alguien que comparte experiencia de vida similares tiene un nivel de empatía, comprensión y compasión que otras personas no tienen. Existen tratamientos muy buenos, pero a menudo conectamos con las personas que han recorrido el mismo camino en el que nos encontramos.

Hay muchos nombres para este rol en las comunidades, incluyendo el entrenador de recuperación, el patrocinador, el socio familiar y el navegador de sistemas, por nombrar algunos. También hay profesionales clínicos con experiencia vivida que pueden compartir esa experiencia como parte del trabajo que realizan con las personas.

Si el apoyo entre compañeros está disponible dondequiera busques tratamiento, dale una oportunidad. Alguien que ha estado en el mismo hoyo en el que estás es a veces la mejor persona para hablar sobre cómo encontrar la salida, ¿no te parece?

APOYO NATURAL

Estas son las personas que te aman solo porque eres parte de ellos. Tu familia, tus amigos, maestros, compañeros de trabajo, etc. que van más allá de su rol en tu vida para ayudarte a mejorar. Tener personas que nos aman solo porque SI es muy importante para mejorar. ¡Úsalos, úsalos a ellos! Si te ofrecen ayuda, ¡tómala! Se necesita mucha más fuerza para aceptar la ayuda que para rechazarla. Sé lo suficientemente fuerte como para permitir que otros entren en tu vida.

ELEGIENDO EL PROVEEDOR CORRECTO

Este capítulo trata sobre una amplia variedad de opciones de tratamiento, no solo tu decisión de elegir entre la píldora roja o la píldora azul. Junto con todas estas opciones, también es importante elegir el proveedor adecuado.

No hay una forma mágica de hacer esto, aparte de pedir recomendaciones y comentarios de otras personas que conozca a otras personas, hacer preguntas al proveedor sobre su práctica y encontrar a alguien más si el ajuste no es bueno.

Busca a un posible proveedor en el internet lo mas que puedas. ¿Tienes una idea de como son y su estilo? ¿Te sientes cómodo con la idea de verlos? ¿Comparte una visión de vida en sanación que coincide con la tuya?

Crea una lista de lo que es importante para ti en un proveedor de tratamiento y tus metas para el tratamiento. ¿Qué si el trabajo que estás haciendo no coincide con esas listas? Tiempo de seguir adelante.

Lo importante que debes recordar acerca del tratamiento es que no se trata de rentar un amigo. El tratamiento funciona cuando está diseñado para ayudarte a procesar, sanar y avanzar. Si tu tiempo con esta persona se convierte en un momento para perseverar y regurgitar en lugar de obtener una visión y liberación, está haciendo más daño que bien. Encontrar proveedores con los que te gusta trabajar porque te apoyan y te guían hacia la curación es de vital importancia. Un buen proveedor no hiere sus sentimientos si cree que trabajarás mejor con otra persona. De hecho, deberían ofrecerte referencias y sugerencias de con quién más podrías conectarte. El objetivo de la terapia es mejorar, no trabajar con una persona en particular.

Este es tu cuidado y tu vida. No le debes nada a tu proveedor, excepto el pago por los servicios que presta.

PARTE DOS:

ESTE ES TU CEREBRO EN LA VIDA

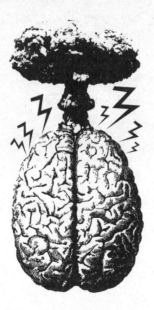

Todos estamos maldecidos por vivir en tiempos interesantes. Incluso cuando el desmadre esta bajo control y nuestras vidas son generalmente positivas, estas no están hechas para un enfoque en tranquilidad, lo sencillo y el espacio para pensar y relajarse. ¿Recuerdas cuando las vacaciones estaban designadas a ser un momento de diversión y aventura?

Ahora es el momento de irse y sentarse en algún lugar y estar lo más tranquilo posible, sin pensar y sin ganas de hacerlo. Trabajo con mucha gente que solo necesita más tiempo en sus vidas para relajarse. No están locos, están profundamente agotados.

Y de hecho esto es una cosa real. Tenemos muchas enfermedades físicas, como la fibromialgia, que podría explicarse mejor como fatiga suprarrenal. Es posible que aquí nos estemos metiendo un poco en territorio descabellado, pero tiene mucho sentido cuando ves lo que sucede con el cuerpo durante nuestra respuesta al estrés. Nuestras glándulas suprarrenales secretan las hormonas que nos ayudan a reaccionar ante el estrés agudo. Si estas hormonas terminan en una demanda crónica porque estamos bajo un estrés crónico, tiene sentido que la producción hormonal comience a disminuir. Si bien la insuficiencia suprarrenal se mostrará en los análisis de sangre, reducciones en el funcionamiento suprarrenal no.

Pero pueden aparecer de otras formas, como agotamiento, dolores corporales, decoloraciones extrañas de la piel, pérdida de cabello, aturdimiento con presión arterial baja, etc. Es como si el cuerpo se convirtiera en la Señorita Clavel de los libros de Madeline y anunciara: "Algo no está bien".

Pero ese es un libro completamente distinto. Este es el libro del cerebro, después de todo. Entonces si, también es bastante probable que nuestra respuesta continua al estrés (ya sea inducida por un trauma o no) sea responsable por una pinche carga de trastornos de salud mental. La depresión y otros trastornos del estado de ánimo, la ansiedad, la ira y las adicciones tienen vínculos claros con el continuo desgaste del cuerpo de una respuesta de estrés físico.

¿Um que? No cambies de tema, señora. Acabas de decir que las hormonas del estrés se secretaban a través de las glándulas suprarrenales. Entonces, ¿qué diablos tiene eso que ver con la salud mental y emocional?

Excelente pregunta, sábelo todo! Historia sobre las glándulas suprarrenales es verdadera... PERO las glándulas suprarrenales (y todas las otras glándulas) no secretan nada hasta que la glándula pituitaria (en el cerebro) lo dice. Las glándulas suprarrenales (entre otras) se creen mucho, pero están bajo el control completo de la pituitaria. Pueden dar el golpe, pero no dieron la orden para el golpe.

¿Y de quién recibe órdenes la pituitaria? Zaz, otra vez desde el principio.

El cerebro (específicamente, el hipotálamo) es realmente la glándula maestra, el entrenador principal. El entrenador principal se coordina con el mariscal de campo inicial, la glándula pituitaria, que luego comunica las jugadas para el resto del equipo (oye tu, cuerpo). El hipotálamo y la glándula pituitaria controlan el sistema hormonal y el sistema nervioso a través de sus constantes conversaciones. Toda la regulación del cuerpo físico comienza de nuevo en el cerebro.

Entonces, ¿cuál viene siendo la respuesta mágica? Me encantaría ser tan chingona como para poder decirte. Pero como bien sabes, la verdadera respuesta mágica sería menos estrés. Y esa sería una respuesta totalmente estúpida para darte ... porque eso no es remotamente posible la mayoría de los días, ¿verdad? Entonces, en lugar de eso, tenemos que concentrarnos en enfrentar mejor el estrés para poder administrar nuestros asuntos sin perder la cabeza y destrozar nuestros cuerpos.

Esta mitad del libro es la parte de nuestra misión (en caso de que decidas aceptarla) donde comenzamos a ver las formas específicas en que nuestros cuerpos y mentes expresan el estrés. Lo mas jodido, si prefieres. Quédate conmigo mientras lo explico. Prometo que mucho de lo que has estado pensando, sintiendo y haciendo va a tener mucho sentido.

ANSIEDAD

¿No te encantan las definiciones de diccionario? La ansiedad es ... el estado de estar ansioso.

No me pinche digas.

Curiosamente, la palabra "ansiedad" (y su definición de "estar ansioso") no es ni un poco moderna. De hecho, la palabra "ansioso" se usó MÁS a principios del siglo XIX que a principios del siglo XXI.

¿Sabes lo que significa? La ansiedad es una condición humana clásica con la que hemos estado lidiando durante siglos. La vida moderna es muy estresante. Pero la vida moderna no es la fuente de la ansiedad humana. La humanidad en sí misma es una experiencia que provoca ansiedad para muchas personas.

Como lo ñoña que soy, busqué la raíz de la palabra "ansiedad". Es del latín ansio, que proviene del antiguo griego anko, que significa "ahogarse". Claro, tiene sentido.

La ansiedad cubre mucho terreno: puede ser la experiencia de inquietud en su máxima frialdad. Angustia a fuego medio. Directo hasta el pánico a punto de hervir.

Y como bien sabían esos antiguos italianos, es una experiencia enormemente somática. Es decir, es algo que sientes en tu cuerpo tanto como algo que controla tus pensamientos. Y siempre es la sensación más incómoda de todas. Tu cuerpo intencionalmente te hace sentir desequilibrado para que atiendas al desmadre. Hay un término elegante para eso: Desequilibrio.

Así que aquí está nuestra definición de trabajo: la ansiedad es un estado de desequilibrio corporal total a un nivel de intensidad que exige atención inmediata y acciones correctivas de tu parte. Puede ser frente a una amenaza real o percibida, ya sea presente o anticipada.

Ese es el motivo por el que la ansiedad es tan difícil de ignorar. El objetivo principal del cuerpo que produce ese sentimiento exige toda tu atención como un niño desnudo y furioso que corre por la calle en una tormenta de nieve con un puño lleno de osos de gomitas en una mano y un machete con sangre en la otra.

¿Vaya imagen verdad? Seguramente no es algo que puedes ignorar fácilmente en el transcurso de tu día.

La ansiedad exige cada onza de atención que tenemos que brindarle, sin importar cuán inconveniente sea el tiempo o la innecesaria ansiedad para empezar. Así que puedes ver cómo se relaciona esto con las reacciones de trauma, ¿verdad? Es realmente fácil que la ansiedad sea nuestra configuración predeterminada si tiene el tipo de historial que le indica que debe estar siempre en guardia.

SÍNTOMAS DE ANSIEDAD
SÍNTOMAS DE PENSAMIENTOS Y SENTIMIENTOS

• Preocupación excesiva

• Rumanía (patrones de pensamiento como rueda de hámster)

• Irritabilidad/Ira (extraño, ¿verdad? Enojo es una emoción culturalmente permitida así que sustituimos mucho esa por lo que realmente estamos sintiendo. ¡Échale un vistazo al capítulo de enojo de este libro!

• Temores irracionales/fobias específicas

• El miedo escénico/las fobias sociales

• Hiperconsciencia/autoconciencia

• Sentimientos de miedo

• Un sentimiento de impotencia

• Pensamientos incontrolables del evento

• Comportamientos obsesivos, delicadeza, perfeccionismo

• Comportamientos compulsivos

• Dudas de ti mismo

• Una sensación de que estás "fuera de control" o "volviéndote loco"

Síntomas físicos del cuerpo[1]

---

[1] Estás leyendo la lista de síntomas físico y pensando ... esta es la misma lista para todo, desde la ansiedad hasta el ébola. Es por eso que muchas personas terminan en salas de emergencia pensando que están sufriendo un ataque cardíaco cuando están sufriendo un ataque de ansiedad. TAMBIÉN es la misma razón por la que muchas personas no se dan cuenta del hecho que estaban sufriendo un ataque cardíaco porque también estaban sufriendo un ataque de ansiedad. En el entrenamiento de Primeros Auxilios en Salud Mental, sugerimos que si ves a alguien con posibles síntomas de ataque de ansiedad, pregúntale si sabe lo qué está pasando y si ha sucedió antes. Si dicen "no", trátalo como si fuera una posible situación de emergencia y llama al 911.

- Problemas para poder dormir o permanecer dormido

- Inhabilidad de descansar

- Tensión muscular

- Tensión del cuello

- Indigestión crónica

- Dolor de estómago y/o náuseas

- Taquicardia

- Pulsación en el oído (sentir los latidos de tu corazón)

- Entumecimiento u hormigueo en los dedos de los pies, pies, manos o dedos

- Sudoración

- Debilidad

- Falta de aire

- Mareo

- Dolor de pecho

- Dolor de estomago

- Sentir caliente y frío (sentir que tienes escalofríos y fiebre sin tener la temperatura alta)

- Dolores punzantes/sensación de haber tenido una descarga eléctrica

Por supuesto hay muchos más de síntomas. Estos son los más comunes y una lista completa de todo lo que podrías sentir con ansiedad seria un folleto con una lista llena. Puedes encontrar muchas listas relevantes en todo el internet, incluyendo las que desglosan todas diferentes categorías de síntomas de ansiedad.

Muchas de las otras cosas que hacemos también se adaptan para manejar la ansiedad. El Trastorno Obsesivo-Compulsivo es simplemente una respuesta de ansiedad. Cortar y otras conductas de autolesión pueden no provenir de la ansiedad en todas las personas, pero si en muchas otras. Hay muchos diagnósticos que se derivan de pocos problemas centrales. La ansiedad es totalmente una de ellos.

Pero sí. Síntomas de ansiedad. Hay una gran cantidad de cosas desagradables que nuestros cuerpos hacen para llamar nuestra atención y hacer que tomemos la dirección correcta.

¿Te identificaste con alguno de esos? Probablemente no estas leyendo esto si la respuesta para empezar fue "nah, siempre estoy tranquilo".

¿TENGO ANSIEDAD O A VECES ESTOY ANSIOSO?

¡Haces las preguntas más asombrosas! Al igual que cualquier otro problema de salud mental, la respuesta está en si la ansiedad está controlando tu vida o no, en lugar de ser una forma legítima de tu cuerpo que te dice que te largues y hagas algo.

Clínicamente hablando, si tu dices que es un problema, estaré de acuerdo en que es un problema. Tu te conoces mejor.

Algunas personas quieren una forma más formal de autocomprobación. Hay muchas escalas de evaluación de ansiedad por ahí. El que se ve a menudo es el EGDAG (que significa Escala de Gravedad y Deterioro de la Ansiedad General). Está bien respaldado por la investigación y su uso es gratis, ya que fue desarrollado por los Institutos Nacionales de la Salud (NIH).

OASIS no tiene un número definido mágico (como si: abajo de esto estás bien, arriba de esto estás ansioso). Pero puede ser un buen punto de partida para iniciar una conversación con un proveedor de tratamiento o simplemente para reflexionar sobre tus experiencias.

Las preguntas de OASIS te piden que reflexiones sobre tus experiencias durante la semana pasada y las califiques en una escala del 0 a 4, donde 0 no tienes problemas, 1 es poco frecuente, 2 es ocasional, 3 es bastante frecuente y 4 es mi acompañante constantemente, gracias por acordarme.

Sí, le exagere un poco ahí. Puedes ver la escala completa con la redacción exacta en línea, descargarla e imprimirla si prefieres. (http://microcosm.pub/oasis)

Las preguntas exactas son las siguientes:

• En la semana pasada, ¿con qué frecuencia te has sentido ansioso?

• En la semana pasada, cuando te sentiste ansioso, ¿qué tan intensa o severa fue tu ansiedad?

• En la semana pasada, ¿con qué frecuencia evitaste situaciones, lugares, objetos o actividades debido a la ansiedad o al miedo?

• En la semana pasada, ¿cuánto interfirió tu ansiedad con tu capacidad para hacer las cosas que necesitabas hacer en el trabajo, en la escuela o en casa?

• En la semana pasada, ¿cuánto ha interferido la ansiedad con tu vida social y relaciones?

Es uno de esos momentos en que dices "¡A la madre soy yo!" No estás tan solo. La Fundación Kim señala que aproximadamente 40 millones de adultos estadounidenses mayores de 18 años (18.1% de las personas) en un año determinado cumplen con los criterios para un trastorno de ansiedad y el 75% de las personas con un trastorno de ansiedad tuvieron su primer episodio antes de los 21 años.

LA ANSIEDAD REALMENTE SUENA MUCHO COMO EL ESTRÉS

Sí, totalmente. Y la ansiedad a menudo proviene del estrés crónico. ¿La gran diferencia? El estrés tiene desencadenantes externos. Lo sé, lo sé, también la ansiedad, tenme paciencia.

El estrés puede producir ansiedad, pero también puede producir una tonelada de otras respuestas emocionales (la depresión es probablemente la más grande). La ansiedad es una respuesta interna a los estresores.

Piensa en ello como un proceso de flujo de trabajo. Si es estrés, entonces es ansiedad. O cualquier otro número de estados emocionales incómodos. Todo sucede tan rápido que termina revuelto en nuestro cerebro. Pero definitivamente hay una causa y efecto entre los dos.

Si estás interesado en aprender más sobre esto un buen libro es Por Qué Las Cebras No Tienen Ulceras por Robert Sapolsky.

ENTONCES, ¿DE DÓNDE VIENE ESTE DESMADRE DE ANSIEDAD?

En términos generales, el cuerpo humano trabaja duro para mantener su punto de frialdad. Entonces, ¿por qué el cuerpo intencionalmente te está volviendo loco, enloquecido con esta cosa de ansiedad? Eso tiene tanto sentido como golpear alegremente tu cabeza contra una pared de ladrillos, ¿verdad?

Y una vez más, todo tiene que ver con la conexión cerebral. Si no soy mensaje no soy nada.

Versión corta: Estamos conectados para tener fuertes respuestas emocionales porque esas respuestas nos mantienen vivos. Sentirte ansioso es absolutamente una habilidad importante para sobrevivir.

Versión más larga: Si algo desencadena una respuesta de ansiedad, tu cuerpo se inunda con norepinefrina y cortisol. Esto es lo que hacen:

La **norepinefrina** se libera a través de tu sistema nervioso central (¡ah! ¡QUE NERVIOS!) para preparar tu cuerpo (que incluye tu cerebro) para la acción. Aumenta tu concentración y atención, así como tu flujo sanguíneo, presión arterial y ritmo cardíaco.

El **cortisol** es la hormona clásica del estrés. Aumenta el azúcar en la sangre y suprime el sistema inmunológico. Muchas personas con estrés crónico también aumentan de peso, específicamente como "grasa abdominal", debido a la producción constante de cortisol. Lo importante que hay que saber aquí es que cuando el cortisol se libera con su compañero de crimen, la norepinefrina, crea fuertes asociaciones de memoria con ciertos estados de ánimo, para crear señales de advertencia de lo que debe evitar en el futuro.

¿Qué es lo interesante aquí sobre la ansiedad como respuesta al estrés? ¿Qué es lo bueno? Ansiedad significa que el cuerpo todavía está luchando. Esto es fundamentalmente diferente de la depresión, que es esencialmente una respuesta cableada de impotencia aprendida (esto es nuevamente algo de Robert Sapolsky).

Los síntomas de ansiedad son habilidades de afrontamiento activas ante la amenaza. El problema es solo cuando el cerebro ha decidido que casi todo, casi todos los lugares son una amenaza. Y zaz. Que allí mismo hay una respuesta de trauma.

Incluso una vez que hayas descubierto tus factores desencadenantes, la ansiedad no es algo que puedas sacar de tu poder. Como viste, tenemos el combo de doble compuesto químico que está en marcha. Así que en el momento de ansiedad o claramente un ataque de pánico, debes hacer algo para metabolizar esos químicos. Cuando la ansiedad te golpea, tienes que enfrentarla de frente.

Cualquiera de los ejercicios al final de estos capítulos o en el Capítulo 4 pueden usarse para ayudar a controlar la ansiedad en el momento. Dale a tu ansiedad un nombre o persona tonta. Agarra hielo para sostener como recordatorio. Haz algunos ejercicios de respiración profunda. Cuando no te sientas ansioso, puedes trabajar en el autoaprendizaje a largo plazo para volver a cablear tu cerebro.

AUTO-ENTRENAMIENTO PARA OPTIMISMO APRENDIDO

Al igual que cualquier otro entrenamiento del cerebro, hay ciertas cosas que realmente pueden ayudar a combatir la ansiedad crónica. No se trata de una bala mágica, forma-rápida de cura inmediata, pero la idea de entrenarte a ti mismo a ser optimista tiene un poco de merito después de todo. Hay un tipo llamado Martin Seligman que es muy conocido en mi campo. Estaba estudiando la inhabilidad aprendida cuando notó que hay ciertas cualidades que esas personas odiosas y alegres, generalmente tienen:

Permanencia: Las personas optimistas no se centran en los malos eventos y los ven como contratiempos temporales. Si se vuelven negativos, se recuperan más rápidamente. También creen que las cosas buenas ocurren por razones que son permanentes. Esencialmente, el mundo está fundamentalmente a su favor.

Omnipresencia: Las personas que son changuitos felices tienden a mantener el fracaso en su lugar adecuado. Reconocen el fracaso en una área que solo pertenece a ESA área, en lugar de representar que es un error en TODAS LAS COSAS TODO EL TIEMPO. También tienden a dejar que las cosas en las que son buenos informen el resto de sus vidas, en lugar de mantenerlas en un espacio separado. Ser malo en básquet no significa que harás un risotto de la chingada. Y si tu risotto es el mejor, es un indicador de que TÚ eres el mejor. Y que debes cocinar más a menudo. Y me invitas a cenar, me encanta el risotto.

Personalización: Nuestros momentos alegres culpan a los malos eventos de las malas circunstancias en lugar de a uno mismo, pero reconocen que las buenas circunstancias indican que son buenas personas. Así que básicamente los fracasos son eventos, no personas. Pero los éxitos son personas, no eventos. ¿Sabes como?

¿Te interesa averiguar de qué manera estas conectado? Puedes tomar el examen de optimismo aprendido en http://microcosm.pub/learnedoptimism

Entender lo que hace a un optimista le dio una idea a Seligman. Si podemos aprender el desamparo y el pesimismo, ¿por qué no podemos aprender optimismo y una perspectiva positiva? Especialmente si conocemos los tres grandes indicadores que estamos buscando.

TOMA ACCIÓN: DESAFÍA A TUS DEMONIOS

Seligman creó un modelo ABCDE diseñado para ayudarte a replantear tu pensamiento a optimista. Y sí, se parece mucho a la Terapia de Comportamiento Emocional Racional (TCER) de Albert Ellis y la Terapia de Comportamiento Cognitivo (TCC) de Aaron Beck. Todos tomamos prestados de la mierda del otro todo el tiempo. Terapeutas e investigadores son así de idiotas.

Piensa en la última vez que te sentiste ansioso y escribiste notas para cada una de estas cinco letras:

En el modelo de Seligman, la A es sinónimo de adversidad. ¿Qué tontería esta pasando que generalmente provoca tu respuesta de ansiedad?

B significa la Creencia. ¿Cuáles son tus creencias sobre este evento? Se honesto, si tu ansiedad se desencadena mucho, es probable que estés ejecutando un patrón de pensamiento en la dirección de "¡ESTO ESTA DE LA CHINGADA!"

C significa Consecuencias, aunque en realidad debería significar Caramelos. Seligman no estuvo de acuerdo conmigo en que una vez que piensas que todo esta de la chingada, deberías ir por caramelos. En lugar, quiere que veas cómo reaccionaste ante la situación y tus creencias.

D significa Disputa. Aquí es donde literalmente discutes con los demonios que tu cerebro está arrojando y enfocas tu atención en una nueva forma de enfrentarte. ¿Recuerdas el cerebro de la narración? Crea una nueva historia para remplazar su lugar.

Y, por último, E significa Energización. ¿Cuál fue el resultado de centrar tu atención en una forma diferente de reaccionar? Incluso si todavía estabas bastante ansioso, ¿manejaste la situación mejor que si lo hubieras hecho en el pasado? Con el tiempo, al hacer esto, ¿te das cuenta de que tu ansiedad está empezando a desaparecer FINALMENTE?

Para empezar, solo completa las tres primeras categorías (A-B-C). Piensa y busca ejemplos de pesimismo y negatividad. Resalta esos momentos. ¿Te afecto mucho más de lo que esperabas?

Dale unos días para que se haga sentido y luego vuelve a sentarte con esta lista y añade las últimas categorías (A-B-C-D-E). Esto va a ser más difícil, este es un trabajo activo para desafiar ese pesimismo y ensenarte optimismo a ti mismo. Pero tu puedes, superestrella. ¡Se necesita práctica, no te des por vencido!

1. Adversidad: Sólo los hechos. Describe qué sucedió (quién, qué, dónde, cuándo) siendo lo más preciso y detallado posible.

2. Creencias: ¿En qué estabas pensando? Como, exactamente. ¿Cuál fue tu conversación interna? No me importa si fue crudo, feo o

extraño. Escríbelo. Si provocó un recuerdo o una memoria intrusa, ¡eso también cuenta!

3. Consecuencias: ¿Cómo afectaron estos pensamientos en cómo te sentiste? ¿Cómo te comportaste? ¿Qué pasó en tu cuerpo? ¿Qué emociones experimentaste? ¿Cómo reaccionaste?

4. Disputa:

Hay cuatro maneras diferentes en que puedes disputar estas creencias negativas

A. ¿Evidencia? ¿Hay evidencia de que tu creencia estaba basada en la realidad? Si alguien dice "Te odio", la creencia de que te odian tiene alguna evidencia detrás de esto, ¿verdad? Pero en verdad la mayoría de las creencias no lo tienen.

B. ¿Alternativas? ¿Hay otra manera de ver esta situación? ¿Cuáles fueron las circunstancias no estáticas (te fue de la fregada en un examen, estabas sobre agotado por estar enfermo)? ¿Cuáles son los detalles (ser malo en básquet no te hace una persona pesimista o incluso un mal atleta)? ¿En qué contribuyeron otros a la situación (¿en verdad TODO es por tu culpa?)?

C. ¿Implicaciones? Ok, entonces tal vez te exaltaste. ¿Es realmente una catástrofe total? ¿Qué perspectiva se puede agregar a esto (ok, así que fallé en esa entrevista de trabajo ... significa que nadie me contratará de ahora en adelante)?

D. ¿Utilidad? Solo porque algo es verdad, no lo hace útil. ¿Cómo puedes definir la experiencia como una que le da sentido a tu vida? ¿Tienes un mejor respeto por esas cosas o personas que valoras? ¿Puedes demostrar mejor ese respeto ahora?

5. Energización:

¿Cómo te sientes después del altercado? ¿Cambió tu comportamiento? ¿Tus sentimientos? ¿Notaste algo dentro del problema que no notaste antes? Tal vez incluso llegaste a una solución?

¡Ahora ve a celebrar tu éxito aquí!

Puedes descargar una hoja de trabajo del Registro de eventos adversos desde mi sitio web en http://microcosm.pub/adverse

ENOJO

Si alguna vez has buscado una definición de enojo, tiende a no ser muy útil ... generalmente un sinónimo en lugar de una definición. Lees una cosa así y estás pensando: "No, no ... Sé lo que es la irritación, el antagonismo, la rabia". Todas son formas de enojo. ¿Pero de qué carajos está hecho realmente el enojo?

Así que el enojo es una emoción. Ah no me digas. Tenme paciencia. La palabra emoción se deriva del Latín emovere, que significa "afuera-muevete".

DE ACUERDO. Ahora estamos llegando a alguna parte.

Entonces, ¿antes que nada? Recordatorio general:

Las emociones son respuestas instintivas que son provocadas por eventos externos y recuerdos internos de eventos pasados. Funcionan en la parte media del cerebro, separados de los procesos de razonamiento y cognitivos en nuestra corteza prefrontal.

Así que el enojo es una respuesta instintiva de movimiento. Eso tiene sentido, ¿verdad? En su esencia, **el enojo es una respuesta instintiva diseñada para protegernos del daño empujándonos a una acción concertada.**

Okey. Ahí vamos. Una definición operativa del enojo es realmente útil.

El enojo (y el enojo inducido por la agresión) se activan de la misma manera que otras emociones. Para el enojo, el trio de activación es la amígdala, el hipotálamo y los sistemas neuronales grises periaqueductales. Cada tipo de amenaza activa estas áreas de diferentes maneras. Que es información interesante, pero no tan importante para esta conversación.

¿Qué es lo importante es recordar si pensamos que estamos en riesgo? ¿Siendo amenazado? Entramos en modo de lucha del tronco cerebral. El enojo es como nos preparamos para esa pelea. La parte interesante es que el enojo recibe mucha información de la CPF. Todas las emociones lo hacen, obviamente ... pero el enojo es bastante interesante porque su expresión varía enormemente en diferentes culturas. Lo que significa que se enseñan muchas respuestas de enojo, por lo tanto, se negocian en la CPF. ¿Que pasa con eso?

UNA CULTURA DE ENOJO

¿Por qué todo el mundo está de tan mal humor todo el tiempo?

No tienes que buscar un video en YouTube para ver a alguien perder el juicio. Pasa solo un rato en un supermercado, en el estacionamiento de la iglesia o en el patio de comidas del centro comercial y verás a alguien encabronarse por algo absurdo a comparación con el gran esquema de las cosas.

Tal vez esta persona has sido tu en algún momento. O alguien que amas. O alguien a quien apenas toleras, pero tienes que aguantar.

Hay muchas teorías acerca de por qué tenemos todo este enojo, y todas tienen mucho sentido.

Estamos:

• Sobre distraído

• Sobre estimado

• Sobre poblados, y

• Sobre inundado en la vida cotidiana.

¿No perdería alguien el pinche control?

Pero en muchos otros países que están tan por encima de todo, no se ve la misma cantidad de respuestas de enojo como lo hacemos en los Estados Unidos y Europa. Una investigadora sueca quedó fascinada por las diferencias culturales y compiló una revisión de estudios sobre el enojo, comparando la ira en los Estados Unidos, Japón y Suecia, y sus hallazgos fueron fascinantes. Ella demostró que en Japón, por ejemplo, a las personas se les enseña explícitamente que existe una enorme diferencia entre lo que sientes por dentro y cómo lo presentas al mundo. No es algo que los ciudadanos japoneses simplemente aprenden de quienes los rodean, sino del actual currículo escolar.

En Japón, te enseñan cómo manejar las emociones negativas.

Pero, por el contrario, cuando a los estadounidenses se les pide que expliquen emociones incómodas, realmente tienen dificultades para hacerlo. A menudo describen las emociones como internas, no como cosas que tienen consecuencias en el comportamiento. Pero hay una excepción interesante: el enojo. El enojo, para algunos estadounidenses, se considera una fuerza positiva de cambio que nos ayuda a superar obstáculos, enfrentar el miedo y ser más independientes. Un estudio encontró que el 40% de los individuos en los Estados Unidos consideraron que su enojo tenía consecuencias positivas a largo plazo.

Eso significa que en los EE. UU., el enojo no solo es aceptable en cierto nivel, a menudo es algo BUENO.

Y nuestras reglas culturales y nuestros valores sobre el enojo nos están metiendo en un grave problema.

- "Llegué a mi limite!"

- "¡Estaba desahogándome!"

- "¡Explote!"

- "¡Estaba incontrolable!"

- "Me volví loco!"

- "Desaté mi enojo".

El mensaje subyacente en estas explicaciones simbólicas es que el enojo nos controla, no controlamos al enojo. Tal vez es por eso que amamos esas películas donde Liam Neeson mata a todos.

Hablamos del enojo de una manera que nos lleva a creer que el enojo es válido, está a cargo y debe ser seguido. Nuestra expectativa es que el enojo requiere retribución ... y vemos que nuestro trabajo, entonces, es asegurar una respuesta correctiva. Desde que somos niños, el enojo no solo es permisible, sino que es un medio positivo para abordar las situaciones.

Esto no quiere decir que el enojo sea siempre malo, o siempre una fuerza negativa. Nadie ha ganado igualdad de derechos en este país pidiéndolos educadamente y entregándoselos. Y la energía que nos brinda el enojo puede ayudarnos a responder adecuadamente en ciertas situaciones.

Si mis hijos están en peligro, mi respuesta de enojo me llevará a protegerlos. ¿Pero mi enojo con el cajero por irse a su descanso después de que finalmente llegue al frente de la fila en la que he estado esperando? Probablemente no sea productivo para nadie involucrado.

¿QUÉ ES ENOJO?

El enojo, como todas las emociones, no es bueno ni malo ni correcto ni incorrecto.

Simplemente es.

Las emociones son información, diseñadas para ayudarnos a tomar decisiones que nos protegerán y nos mantendrán seguros. Se activan en la parte media de nuestro cerebro, en nuestra amígdala, según la información que procesamos y nuestros recuerdos de situaciones pasadas.

Las emociones positivas son un tipo de retroalimentación "continua". Nuestros cerebros nos dicen "¡Sí! Sí, todas las galletas! Sí, a escalar con amigos! Sí películas divertidas! Estas cosas se sienten bien, ¡hagamos todas estas cosas!"

Las emociones negativas son el polo opuesto. Son el gato arrugado en la esquina, con las orejas aplanadas y gruñendo. "¡No! ¡No quieren! ¡No se siente bien ni seguro ni agradable en absoluto! ¡Haz que pare!"

El enojo activa la respuesta de luchar/huir/paralizar.

Sentir un enojo de la chingada es una parte normal de ser un ser humano. Que mandes todo a la chingada no lo es.

Como les digo a mis clientes ... se te permite ESTAR loco, pero no se te permite actuar loco.

¿Estar encabronado porque alguien te robó el lugar de estacionamiento que estabas esperando?

Totalmente aceptable.

¿Salirte de control? No es tan útil.

No es tan útil para todos los que te rodean, no es tan útil para una sociedad más grande y ... por razones puramente egoístas ... no es tan útil para ti.

Cuando perdemos nuestras mentes continuamente, estamos conectando nuestros cerebros a un estado constantemente elevado que finalmente fríe nuestros circuitos (y aleja a todos los que amamos en el proceso). Nos programamos para estar siempre en alerta. Así que reaccionamos con mucha mayor velocidad de la que solíamos, y percibimos que más situaciones son peligrosas, hostiles o amenazantes. Estamos constantemente alerta hasta de las sombras.

Nuestros cerebros nunca descansan y se recargan, y empezamos a luchar con muchas otras condiciones asociadas con este cambio de cableado. Sumadas, esas condiciones son conocidas como **disfunción del sistema nervioso autónomo**. Muchos problemas de salud comunes (enfermedad cardíaca, presión arterial alta, alergias a los alimentos), así como muchos problemas de salud mental comunes (depresión, ansiedad, trastorno de estrés postraumático) se relacionan con una respuesta intensificada continua.

Y volvamos al enojo aquí mismo, porque el enojo es el peor ofensor en este sentido.

Para tomar prestada una famosa expresión budista, el enojo es como agarrar un carbón caliente y esperar que la persona con la que estamos enojados se queme.

EL ENOJO ES UNA EMOCIÓN SECUNDARIA

¿Y sabes que el lo mas jodido del enojo? ¿Esta emoción que creemos culturalmente nos está llevando al éxito? Ni siquiera es una emoción primaria.

Lo sé, ahora estás preguntando: ¿Y qué se supone que significa eso, elegante dama con doctorado?

Significa que si bien el enojo puede ser la primera emoción que reconocemos en algún nivel en nosotros mismos y la emoción sobre la que actuamos (o reaccionamos), te garantizo que en realidad no es lo primero que sientes en cualquier tipo de situación. El enojo es una emoción secundaria.

El mejor modelo que he visto para explicar el enojo usa el acrónimo EDEN.

EDEN es la conceptualización mas simple que puedas encontrar.

ENOJO es desencadenado por

• Dolor

• Expectativas no cumplidas

• Necesidades no cumplidas

Por supuesto, es un poco más complicado que eso, ya que generalmente no estamos limitados a uno solo de estos factores desencadenantes, sino a una gran bola de todo lo anterior.

Aquí está cómo utilizar EDEN. La próxima vez que estés encabronado, hazte las siguientes preguntas:

1) **¿Estoy herido?** ¿Ocurrió algo aquí que me hizo sentir inseguro? ¿Inseguro? ¿Invalorable? ¿Indigno de? ¿No apreciado? ¿Simplemente viejo triste como mierda? De todas las cosas que me han pateado las bolas a lo largo de los años, ¿por qué esta situación es particularmente desagradable? ¿Fue la persona que percibo que está haciendo daño? ¿Es una situación particular que me molesta más que otras? ¿Ha sido esto un problema para mí en el pasado? ¿Es esta una de esas malditas personas de las que hablas? Desenreda esta mierda ... ¿por qué el sufrir?

2) **¿Tenía expectativas que no se cumplieron?** ¿Estaba mi pequeño cerebro esperando a que ocurriera algo y no sucedió? ¿Fue esa una expectativa realista? (Sé honesto aquí, ¿va?) Si fuera realista, ¿es algo que cambia la vida cuando no sucede? Alguien tomó el lugar del estacionamiento al que llegaste primero. Mala movida. ¿Expectativa razonable de que seguirán el protocolo de estacionamiento civilizado? Joder si de lo contrario, estamos a 3 pulgadas del caos social completo ... la gente necesita seguir algunas reglas. ¿Pero altera la vida? No tanto. Tu encuentras otro lugar de estacionamiento (eventualmente) y te estacionas (eventualmente). Entonces, con suerte, sigues adelante. Así que analiza lo siguiente. ¿Fue una expectativa razonable para empezar? ¿Se acabó el jodido mundo porque no se

cumplió? Algunas cosas son bien pinches serias, otros no. Dite la verdad aquí. ¿Es esta una expectativa por la que vale la pena estar dolido?

3) **¿Tenías necesidades que no fueron satisfechas?** Esta es una pregunta difícil. Porque ¿cómo definir qué es realmente una necesidad? Si eres budista, puedes pensar que no existen, ¿verdad? En un nivel existencial tienes todo tipo de derechos. Pero a nivel fisiológico, el cerebro está conectado para mantenerte vivo. Si algo amenaza la sensación de equilibrio del cerebro, te vas a inundar con químicos de LUCHAR EN CONTRA, directo a la amígdala.

Ciertas cosas van a desencadenar esta respuesta de lucha más que otras. El peligro inminente es un OBVIO. Necesitamos sentirnos seguros. Necesitamos percibir a nuestros seres queridos como seguros. ¿Si tu cerebro percibe una amenaza para ti, tu amorcito, tus hijos, tu perro? Esta encendido. ¡Protege lo que es importante para ti! ¡Enójate!

Hay otros tipos de necesidades de seguridad que no podemos descontar. Los seres humanos están conectados para las relaciones. Necesitamos la estabilidad de las relaciones para estar bien. Nuestros cerebros lo saben, incluso cuando la sociedad nos dice "¡No necesitas a nadie más que a tu propio MALDITO SER!" Eso es una tontería. Vivimos en comunidad no porque estemos superpoblados, sino porque tenemos que hacerlo para sobrevivir. Así que con esa necesidad viene la necesidad de seguridad emocional. Necesitamos sentirnos seguros y apoyados en nuestras relaciones con otras personas. Necesitamos tener una buena idea de qué esperar. Necesitamos sentirnos amados. Esto es más que un imbécil robando nuestro espacio de estacionamiento. Se trata de nuestra necesidad humana fundamental de sentirnos apoyados por otros en el mundo.

Necesitamos saber que estamos seguros con las personas que amamos, que nos aman y que no nos van a lastimar, al menos no intencionalmente. Necesitamos salir de los callejones oscuros a las 2AM. Necesitamos alejarnos del conductor errático que gira a nuestro lado en la autopista. Pero también necesitamos una comunidad de personas que nos aman de forma tonta y nos hacen sentir seguros.

El enojo que dura mas tiempo pateándonos en el culo es cuando ese contrato se rompe. Cuando la persona con la que más necesitábamos estar seguros hizo algo que cuestionó esa seguridad.

Estoy segura puedes ver por qué me he quedado con este modelo de comprensión del enojo desde hace años Ayuda a dar sentido a muchas de las situaciones que tenemos que navegar diariamente.

Saber de dónde viene el enojo es mucho más que la mitad de la batalla. Es como el 90% de eso.

¿Cuántas veces has tenido un momento de "¡Oh!" cuando te diste cuenta de por qué te sentiste de cierta manera y luego la sensación simplemente ... se derritió?

Y luego está el otro 10% del tiempo.

La cosa va en serio y manejarlo es difícil.

Pero como mencionamos anteriormente, lidiar con el enojo es como tratar con cualquier otra información que debemos tener en cuenta para resolver una situación. No es algo bueno ni malo y no tiene que ser la fuerza impulsora de nuestras decisiones.

ACTÚA: ¿DE DÓNDE VIENE TU ENOJO?

¿Cuándo fue la última vez que estabas enojado? Cuando no estás en un peligro inminente o bajo una amenaza real, y después de haber usado el modelo EDEN para desenredar un poco el desmadre, evalúa las siguientes preguntas:

1) ¿Cuáles son las raíces subyacentes de tu enojo? Una vez que las descubriste, ¿eran legítimas o eran más sobre ti y tu historia que sobre la situación actual? Si no estás seguro, reflexiona sobre cuándo notaste por primera vez que estabas enojado. ¿Qué estaba pasando a tu alrededor ... vistas, olores, ruidos, gente? ¿Que estuviste haciendo? ¿Qué estaban haciendo otros? ¿Qué estabas pensando? ¿Algún recuerdo en particular que surja en ese momento?

2) Si las raíces son legítimas, ¿son algo que deben abordarse o es una de esas cosas de la vida cotidiana que simplemente ocurren? ¿Una multa por exceso de velocidad, jodieron mi orden de comida, etc.?

3) Si es necesario abordarlo, ¿cuál es la mejor manera de hacerlo? ¿Cómo corriges la situación con la menor interrupción posible? ¿Qué puedes hacer para evitar sufrir más daño en el proceso (físico, emocional y mental)? ¿Se puede minimizar el daño a los demás (físico, mental y emocional)? ¿Debe abordarse de inmediato o puede esperar hasta que estés más tranquilo y te sientas más seguro? ¿Hay alguien más con quien puedas hablar que tenga una perspectiva de apoyo y salud ... un consejero, amigo, mentor, miembro de familia? ¿Alguien que te conoce, te ama y te dice tus verdades si es necesario?

4) Después de actuar (en lugar de reaccionar), evalúa los resultados. ¿Funcionó? ¿Es esta una estrategia que puedes usar de nuevo? ¿Sigues enojado o te sientes mejor y más seguro ahora?

ADICCIÓN

Antes que nada, empecemos con una verdad universal.
Prácticamente todos somos adictos a algo, en algún momento de nuestras vidas. Sí, muy posiblemente tú. Definitivamente yo.

Si escogiste este libro con la intención de ayudar a alguien que te importa, una de las primeras cosas que puedes hacer es reconocer tu propia lucha con algún tipo de adicción.

Sí, ya sé que es una cosa muy seria de decir. Pero aguántame un segundo, esto va a tener sentido.

La ortografía de la palabra "adicto" no ha cambiado desde el primer uso a mediados del siglo XVI. Fue utilizado para describir a alguien que estaba atado o dedicado. Sigue siendo lo mismo, ¿o no?

La adicción fue definida originalmente por profesionales de la salud mental temprana (Freud y similares) y los primeros facilitadores del grupo de recuperación entre iguales (AA y similares) en función de lo que vieron, escucharon y pudieron medir en en ese tiempo. El consenso fue que la adicción es una función de los antojos más el uso compulsivo.

Fue un modelo simple, y fue nuestro primer comienzo en brindar tratamiento para la adicción. Pero realmente no abarcaba todas las cosas que puede ser la adicción, especialmente a la luz de investigaciones más recientes de neurociencia.

Si bien nuestra comprensión no es completa, ahora sabemos que la adicción es mucho más que el deseo y el uso. La neurobiología de la adicción es épicamente complicada, aunque nuevas investigaciones están comenzando a darnos ideas diferentes de las que hemos tenido en el pasado. Sabemos que las adicciones de sustancias desencadenan las vías de placer en el cerebro como WOW... aunque en diferentes niveles para diferentes personas. Lo que ayuda a explicar por qué algunas personas son más propensas a la adicción de sustancias, mientras que otras encuentran que las mismas sustancias los hacen sentir muy mal. También sabemos que la anticipación del uso puede desencadenar todo tipo de señales de dopamina en el cerebro ... lo que explica totalmente los comportamientos adictivos en los que no se utiliza en absoluto una sustancia que altera la mente.

Gabor Maté, en su libro In the Realm of Hungry Ghosts, ofreció esta definición de adicción, que he usado desde que la leí, incluso en mi disertación.

"La adicción es cualquier comportamiento repetido, relacionado o no con la sustancia, en el cual una persona se siente obligada a persistir, independientemente de su impacto negativo en su vida y en la vida de los demás.

La adicción implica:

1. Una preocupación al compromiso compulsivo con él comportamiento.

2. Deterioro del control sobre el comportamiento.

3. Persistencia o recaída sin importar la evidencia de daño.

4. Insatisfacción, irritabilidad o deseo intenso cuando el objeto, ya sea un medicamento, una actividad u otro objetivo, no está disponible de inmediato ".

Algunas adicciones son claras. La señora sin hogar marcada con huellas de cicatrices a través de los años. El hombre que pierde su casa y su automóvil por deudas de juego y ahora se está escondiéndose de los cobradores peligrosos.

Algunas adicciones son más suaves, más fáciles de convivir y aún poder levantarse y funcionar todos los días. Aquellos de nosotros que sacamos una bolsa de papas fritas o una bandeja de panecillos después de un día difícil. O ir de compras por nuestro octavo par de sandalias negras que nunca nos pondremos.

Hay adicciones que nos excusan de la sociedad, aquellas que apenas nos mantienen a flote, y las que se convierten en una barrera entre nosotros y el resto del mundo. Al final, es sólo una cuestión de medida.

¿Cómo nos definimos cuando cruzamos el territorio de la adicción? Como terapeuta entrenada en relaciones, mi respuesta es simple. Cuando nuestra adicción se convierte en nuestra relación primaria. Tal vez no en nuestros corazones y cabezas. Pero definitivamente en nuestros comportamientos. Cuando no tenemos control sobre nuestras adicciones, estamos gastando tiempo, recursos y energía en la adicción en lugar de las personas que amamos. Y en lugar de, seamos honestos ... a nosotros mismos.

DE DONDE VIENEN LAS ADICCIONES

¿De dónde vienen las adicciones? ¿Y por qué carajos digo que prácticamente todos son algún tipo de adictos?

Cuando nos involucramos en una adicción hasta el punto de tener prioridad sobre nuestras relaciones con las personas, es un problema. Es un mecanismo de afrontamiento que ha pasado de tranquilizarnos a controlarnos por completo.

La adicción es el poderío de los sensibles. Los empáticos. Las personas que se dan cuenta temprano de lo que es oscuro, oculto y roto en la sociedad. Aprendemos que señalar estas discrepancias es motivo de castigo. Se nos dice que los niños buenos y las niñas no notan tales cosas. Y si lo hacen, CIERTAMENTE no hablan de ello. Así que comenzamos a asumir la responsabilidad de toda esta mierda que está oscura y rota. Lo tragamos y empieza a comernos vivos. Todo debe ser culpa nuestra. Claramente no somos buenas personas. Las relaciones no son seguras. La única forma de atravesar es con un mecanismo de afrontamiento y apoyo.

Si has tenido un trauma, si has sido herido de tal manera que no confías en el mundo, es mucho más probable que seas susceptible a una conducta adictiva.

En algún momento de la vida de la mayoría de las personas, comenzamos a usar algo para ayudarnos a sentirnos mejor. Tenemos hambre de algo que no estamos recibiendo. Así que empezamos a alimentar esa necesidad con otras cosas. Sustancias, comportamientos, actividades. Lo que sea que escojamos probablemente ayude por un tiempo. Alivia la cruda hambre que estamos sintiendo y nos ayuda a olvidar lo que realmente necesitamos.

En realidad, las adicciones son solo habilidades de afrontamiento que han salido mal.

Hay un margen grande, gris y difuso entre el afrontamiento saludable y la adicción. Es un área grande y borrosa en la que empezamos a perder el control sobre nuestra habilidad de afrontamiento, ya sea una sustancia, una actividad o un comportamiento, y comienza a controlarnos y a tomar más y más de nuestras vidas.

Las habilidades de afrontamiento están destinadas a ayudarnos a mantenernos en tierra y superar los momentos difíciles. No pretenden reemplazar la realidad, o reemplazar nuestras relaciones reales. Entonces, cuando no podemos estar completamente con las personas que amamos ... Cuando no podemos sentirnos totalmente seguros dentro de nosotros mismos ... Eso significa que cualquier cosa que estemos usando para ayudarnos a salir adelante está operando como una adicción.

COMO NOS CURAMOS

Existen dos categorías básicas para el tratamiento de las adicciones. El modelo tradicional de tratamiento de la adicción se basa en la abstinencia. Es decir, no puede participar en la adicción en lo absoluto ... ese es el único mecanismo de curación. El otro es la reducción de daños. Este método es más como una negociación con la adicción, encontrando maneras de reducir el daño que está ocurriendo por nuestro uso. Hablemos sobre cómo algunos de estos tratamientos podrían funcionar en la práctica.

TRATAMIENTO BASADO EN LA ABSTINENCIA

Crecí en el marco de AA: Alcohólicos Anónimos. Mi padre se está recuperando, por lo que pasamos enormes cantidades de tiempo en reuniones, eventos, conferencias de AA y nuestra casa estaba llena de personas recientemente sobrias. AA fue único cuando se creó hace unos 80 años. La idea es que las personas con experiencia vivida compartan su apoyo y ayuden a otros a encontrar su propia sobriedad. Se basa en entregarse a un poder superior, sea lo que eso sea para ti. Muchas personas que luchan con servicios basados en la fe se sienten incómodas con este marco. Y otros elementos prescriptivos han surgido en algunos grupos que se sienten excluyentes. Por ejemplo, muchos grupos creen que la sobriedad significa que no hay sustancias que alteren la mente, ni siquiera medicamentos para un trastorno de salud mental.

Es una lástima porque el modelo de AA también puede ser de gran beneficio para la curación. ¿Poder Supremo? Eso, para unas personas, puede ser la comunidad que los rodea. Relaciones sanas, sintonía con tu propia voz auténtica. No tiene que ser un Dios omnipotente de alguna forma. Y no deberías tener que renunciar a los medicamentos que te mantienen sano y dejar de a lado las adicciones que te hicieron volverte loco.

Y hay muchos grupos que sí honran esas diferencias de creencias, ya sea AA, NA, OA, DDA ó cualquier otro programa modelo de doce pasos. Hay reuniones disponibles en línea las 24 horas del día y en la mayoría de las comunidades de todo el mundo. Hay reuniones que se centran en grupos especiales de personas que no pueden estar cómodas en reuniones generales, como Lambda AA, que se creó para individuos LGBT en recuperación y el movimiento Bienestar, que se enfoca en las necesidades específicas de los individuos indígenas.

Hay otros planes fuera del modelo tradicional de doce pasos que también se basan en la abstinencia, como SMART Recovery, Save Our Selves / Secular Organizations for Sobriety (SOS), y Women for Sobriety. Estos programas también han existido durante algún tiempo, pero se centran en nuevas investigaciones sobre cómo hacer efectiva la sobriedad. En general, estos programas también se centran más en la autoeficacia/enfoque de control interno que en la relación/apoyo de un poder supremo.

Eso es una simplificación, pero mi punto es que hay opciones de vida sobrias fuera del modelo de doce pasos. Y una variedad de opciones significa una mayor posibilidad de encontrar algo que tenga sentido para ti.

REDUCCIÓN DE DAÑOS

Hay dos ocasiones en que el tratamiento de reducción de daños es la mejor apuesta:

1) Cuando es lo que TIENES que hacer.

2) Cuando es lo que QUIERES hacer.

Entonces, así está la cosa. Algunas adicciones se pueden dejar por completo y la recuperación se puede lograr a través de la abstinencia total. Después de todo, uno puede vivir por siempre sin beber alcohol o comprar un boleto de lotería. Pero a veces no tenemos ninguna puta elección sobre la abstinencia. ¿Adicción a la comida? Todavía tengo que comer todos los días. Aparte, la mayoría de los adictos al trabajo tiene dinero para simplemente dejar su trabajo y, en cambio, ir a un retiro de meditación para apoyar su recuperación.

¿Adicción al sexo? Aunque supongo que podría argumentar que la abstinencia es una estrategia de tratamiento adecuada, aún no e trabajado con nadie que esté de acuerdo en que renunciar al sexo sea una opción. Y considerando que la mayoría de ellos tenían pareja a largo plazo, sus parejas tampoco estarían de acuerdo.

Además, algunas personas no QUIEREN abandonar la sustancia o el comportamiento que es la fuente de su adicción. Por ejemplo, una persona que tiene relaciones sexuales positivas puede querer continuar usando pornografía de forma consciente y afirmante, sin que su uso de la pornografía tome el control de sus vidas. O tal vez quieran usar sustancias de una manera controlada, en lugar de una manera que esté impactando sus vidas de una manera negativa.

Y sí, lo entiendo. Algunas adicciones son increíblemente peligrosas que la abstinencia es probablemente la única cosa que salvará tu vida. ¿Cocaína crack? No es algo que quieras tratar de usar con moderación.

Pero la mayoría de los programas de recuperación de estilo de abstinencia no permiten una desintoxicación de reducción de daños ó el uso de sustancias menos dañinas para mitigar los efectos de abstinencia. Por ejemplo, ha habido un enorme debate en torno al uso de metadona (legal) y marihuana (legal en algunos estados) para apoyar la recuperación de drogas severas.

Algunas sustancias requieren una desintoxicación médica (el alcohol y la heroína son las dos primordiales) para prevenir complicaciones médicas graves ó incluso la muerte. Sin duda, la desintoxicación no es lo mismo que el tratamiento de la adicción y la recuperación.

Solo tiene la intención de ayudarte a superar la parte médicamente peligrosa de deshacerse del veneno en tu sistema para que puedas continuar con el tratamiento y la recuperación.

Claro que algunas sustancias son una chinga para desintoxicar, incluso si no son de riesgo médico. Cualquier persona que sea adicta a la cafeína sabe lo mal que se siente cuando no obtiene su dosis. De la chingada es un término apto.

La desintoxicación directa (ya sea desintoxicación médica para pacientes hospitalizados o encadenados a la cama y lejos de la cafetera) puede ser una gran barrera para muchas personas. Si bien, hay más y más programas médicos que no tienen costo, estos programas obviamente no pueden compensar la pérdida de salarios por su estancia durante la recuperación, proveer cuidado de niños, etc.

Por todas estas razones y más, la reducción de daños se está convirtiendo en una opción de tratamiento más frecuente para muchas personas. Existen programas formales a nivel nacional como la gestión de moderación.

Y hay muchos profesionales de tratamiento que utilizan una amplia variedad de estrategias de reducción de daños en su práctica como parte de la terapia. Y sí, soy absolutamente una de esas profesionales de tratamiento.

Creo que la conducta adictiva es una forma en que las personas manejan sus traumas y en lugar de ser totalmente abstinente antes de profundizar en las cosas emocionales, tenemos que trabajar en el trauma a fondo y encontrar otras formas de enfrentar antes de quitarles esa habilidad de afrontamiento. Será muy difícil de tratar, hasta que la adicción se convierta en la habilidad de afrontamiento menos útil que alguien tiene.

DESCHINGA TU ADICCIÓN

Así que aquí está lo que le pido a los clientes que hagan en lugar.

Es así como es el mundo, según la Dra. Faith. No estoy más en lo correcto ni en lo incorrecto que cualquier otra persona, pero he estado haciendo este trabajo durante mucho tiempo y he encontrado formas de apoyar la recuperación que funcionan mejor para las personas con las que trabajo y mi propio estilo de visión/ tratamiento.

Ahora, cualquiera que diga que tiene la MEJOR manera de tratar la adicción es un pinche mentiroso. Nunca diria tal barbaridad. Así que toma mis sugerencias solo para lo que son, sugerencias. Usa cualquier cosa que funcione para ti he ignora el resto.

1. Considerar como relación de reemplazo el lugar donde pertenece la adicción en tu vida. El pedo termina en la zona de adicción cuando comienza a reemplazar nuestras relaciones auténticas con las personas que nos rodean y con nuestro propio yo. Nos ponemos al servicio de la sustancia o comportamiento que es el punto de nuestra adicción. No solo es algo en nuestra vida, se convierte en lo más importante en nuestra vida. La recuperación de la adicción es un reconocimiento de eso. Tal vez no sientas que tienes una relación que valga la pena salvar. Tal vez ni siquiera piensas que vale la pena salvarte. No me gustaría discutir, pero no depende de mí. Te sugiero, amable lector, que des espacio a la posibilidad de que haya buenas relaciones por ahí. Y tu adicción actual es una pinche sucia y desagradable que nunca te amará de la forma que mereces ser amado. Cuando estés saliendo con tu adicción, considera qué necesidades se están satisfaciendo y si esta es realmente la manera ideal de manejarlas. Una vez que tomamos conciencia de nuestro compromiso con la adicción y nos recordamos que estamos eligiendo la adicción sobre nosotros mismos y sobre los demás, se vuelve cada vez más difícil seguir haciendo esa elección. No intervengas en tu uso sin tener en cuenta lo que estás haciendo. Cada vez es más difícil el joder a uno mismo y a las personas que amas cuando lo estas haciendo intencionalmente y calmadamente.

2. Estás a cargo de ti mismo. En verdad eres tú. Incluso si sientes que no lo eres. Incluso si sientes que nunca lo has sido. En última instancia, tu uso cambiará porque tú lo deseas. Cambiará porque quieres ser mejor, porque quieres que tus relaciones sean mejores. Incluso si un tribunal te recomienda recibir tratamiento, si te mantienes sobrio o no, en última instancia, estarás a la altura de lo que quieras, ¿verdad? No importa lo que la gente te diga que hagas, si lo haces o no, al ultimo depende de ti. Recuerda eso cuando quieras desafiar la autoridad. ¿Qué es lo que quieres para ti? ¿Lo que estás haciendo te lleva allí?

3. Es mucho más fácil COMENZAR haciendo algo nuevo que dejar de hacer algo viejo. Muchos médicos realmente buenos temen trabajar con personas con adicciones porque creen que la idea es que alguien deje de hacer algo. Tomé el enfoque opuesto, enfocándome en agregar comportamientos más saludables y en construir relaciones más saludables en lugar de enfocarme en la adicción en sí. Puede que creemos conciencia alrededor de ciertas partes de la historia y/o los comportamientos relacionados con el uso, pero generalmente no nos centramos en el uso en sí. Si construyes un ser más saludable, la adicción a menudo se vuelve cada vez menos necesaria como una habilidad de afrontamiento. Recientemente me preguntaron: "¿Con qué frecuencia la terapia consiste simplemente en hacer que las personas salgan más?" ¿Y la respuesta es? Un chingo!!! No tienes que ir a todos los lugares saludables en existencia, pero ¿puedes agregar una cosa pequeña que te haga sentir mejor en lugar de empeorar cada día? ¿Y puedes prestar atención a cómo te sientes cuando haces ESA cosa en lugar de la adicción?

4. Recuerda que la sobriedad y la recuperación son espectros. Puedes elegir el mejor punto para ti mismo en ese espectro y puedes elegir cuando cambia. Haz la abstinencia si eso te funciona. Disminuye y reduce el daño si eso funciona mejor. Parte de tu viaje es descubrir quién eres tú y quién puedes ser en relación con tu adicción. He trabajado con personas que aprendieron muy pronto que jugar un juego de póquer se convertiría en uso de heroína en un mes. Sólo la abstinencia completa los mantuvo a salvo. Luego he trabajado con otras personas que redujeron su uso de drogas peligrosas con marihuana. Algunos también abandonaron la marihuana eventualmente (no es legal en el estado en el que vivo, por lo que el consumo sería un riesgo legalmente) y algunos continuaron consumiendo marihuana exitosamente en lugar de otras drogas, durante años sin recaída. Cabe mencionar la legalidad de la marihuana en mi estado. Tú eres, por supuesto, responsable de todas las consecuencias de tu comportamiento. Por ejemplo, si tienes el mandato de someterte a exámenes de detección de drogas y no sabes qué hacer, no puedes culpar a este libro.

5. Para esa mierda. Contigo mismo, con los demás. Lamiéndole el culo a los demás, convenciéndote de que estás tomando buenas decisiones cuando sabes muy bien que no lo estás haciendo. Para. Es posible que no hayas tenido mucho control sobre tu vida hasta este momento, pero considera que este es mi permiso para que lo TOMES DE NUEVO. Responsabilidad por un lado y por el otro. Si tu te involucras en tu adicción, hazlo con honestidad. No culpes a nadie más. Recuerda que tu participación en tu adicción es una elección que estás haciendo. Hazlo conscientemente. En lugar de decirte a ti mismo *"mi pareja terminó conmigo y es su culpa que estoy usando, simplemente no puedo lidiar con todo esto"*, intenta *"mi pareja terminó conmigo y eso desencadenó todos mis problemas por abandono. Elijo usar porque es una habilidad de afrontamiento que mejor ha funcionado y me hace sentir ansiedad probar algo nuevo "*. Es posible que sea mas difícil que te lastimes con tu adicción cuando estás consciente de la responsabilidad.

6. Calcula tus desencadenantes. Si cierras los ojos, te seguirás tropezando con las mismas pendejadas. Si mantienes tus ojos abiertos al frente, puedes comenzar a crear un mapa. Cuando te encuentres a ti mismo haciendo algo, hazte preguntas para retrasar lo que lo ocasiono. El acrónimo de TESC es muy importante en el tratamiento de la adicción ... ¿Tengo hambre? ¿Enojado? ¿Solitario? ¿Cansado? Si combinas la activación de conciencia con la responsabilidad por tus acciones, se vuelve cada vez más difícil mantenerse en el camino de la adicción.

7. Perdónate a ti mismo tus cagadas. Eres un desmadre. Yo también. Yaaay por ser humano. Ten un poco de autocompasión por ese hecho. La autocompasión es lo opuesto a el autoestima. Se trata de tu interior en lugar de tus éxitos y fracasos en el exterior. Significa que te perdonas tus fallas y tu torpeza humana. Y no, esto no significa que tengas que ser un hedonista sin medida. De hecho, si estás al tanto de tu fragilidad humana y te cuidas en los momentos en que eres más frágil y desconcertado, la investigación muestra que realmente asumes más responsabilidad y responsabilidad por tus acciones. Kristen Neff escribió un libro buenísimo llamado Self Compassion. Léelo si no lo has hecho. Cambió mi vida.

8. Y perdona la mierda que te han hecho. Te escucho. Alguna terrible chingadera te ha pasado. En serio cosas horribles. Cosas horribles seguirán sucediendo. A veces las personas simplemente son como son. El perdón no se trata de ellos, se trata de la cantidad de tonterías que quieres llevar contigo. Supongo que no son un chingo. Perdonar no significa permitir maltrato continuo. En cambio, te ayudará a establecer mejores límites para que sepas cómo protegerte mejor en el futuro. Y abrirá la puerta a conversaciones más reales con las personas que te rodean, en lugar de seguir conversando solo con tus demonios.

9. Anticipa tu continua personalidad imperfecta. Haz tu mejor esfuerzo para hacer lo mejor. Pero en serio. La vas a cagar. Incluso puedes recaer. ¿Y sabes qué? O bien ganamos o aprendemos. Así que tómatelo como una nueva forma de obtener buena información sobre ti. ¿Qué hiciste diferente esta vez? ¿Qué puedes sacar de esta experiencia y hacer diferente la próxima vez? Reconocer cuando la cagamos es muy pinche valiente. Y por supuesto que tu tienes el poder de ser un héroe valiente.

ACTÚA: ¿A QUE LE PUEDES DECIR QUE SÍ?

La adicción es a menudo tratada como una falta de fuerza de voluntad. Nancy Reagan nos dijo que era muy sencillo ... todo lo que tienes que hacer es simplemente decir NO.

Así que ese se convierte en nuestro diálogo interno. ¿Por qué no podemos, a veces? ¿Por qué no podemos simplemente decir que no? Crea un espiral de vergüenza y bloquea nuestra capacidad de ser compasivos.

Si las adicciones están reemplazando a otras relaciones, ahí es donde deberían comenzar nuestros primeros pasos en la curación.

Así que siéntate y haz una lista:

¿A qué se puede decir "sí"?

No como sustituto de tu adicción. No en lugar de ó renunciar a otra cosa. La vida no es un juego de carreras, después de todo. Y que te digan que renuncies a lo que más te ha ayudado en el pasado no es justo. Sé que ese es tu objetivo final, por supuesto. Pero no tenemos que empezar allí si no estás listo.

Solo di que sí a algo nuevo. Algo que solías amar pero que ya no haces. Algo que siempre quisiste probar.

Expande los límites de tu vida al agregar algo. ¿Qué pasa? ¿Qué cambió? ¿Qué más necesitas ahora? ¿Qué ya no necesitas?

DEPRESIÓN

La depresión es una de esas palabras que usamos como una etiqueta, de manera indiscriminada que ha perdido su significado. He sido culpable de eso y apuesto que tú también. Utilicé la palabra deprimida para expresar cómo me sentía cuando Whole Foods dejó de vender mis galletas de jengibre favoritas, aunque estar encabronada con el sentimiento de una absurda indignación habría sido una descripción mucho mejor de mi estado de ánimo.

La depresión no es que tu equipo favorito pierda el partido, perder tu reloj favorito, ser despedido o cortar con una pareja. Sin duda, todas estas cosas calan a diferentes niveles, pero en el fondo son pérdidas que causan niveles comprensibles de dolor (que es el tema del siguiente capítulo). La pena y la pérdida pueden ser absolutamente traumáticas y pueden conducir a la depresión. Pero con el espacio y tiempo adecuado para sanar, sanamos. La depresión es un problema mucho más profundo. Y a veces no tiene nada que ver con una pérdida identificable.

Al igual que la ansiedad, la depresión está relacionada con la bioquímica del estrés.

La ansiedad es una respuesta excesiva a las hormonas del estrés. Es el cuerpo que intenta entrar en modo de supervivencia para protegerse a sí mismo, basándose en lo que cree que es verdad. La ansiedad es una híper respuesta bioquímica al estrés.

La depresión es la forma en que el cuerpo dice *nada de lo que hago va a ayudar de todos modos, todo es una mierda sin importar nada*. La depresión es una respuesta de impotencia aprendida bioquímicamente al estrés.

La depresión es la forma en que el cuerpo dice que si nada de lo que hago hace una diferencia, no tiene sentido disfrutar de NADA. Robert Sapolsky define la depresión como "un trastorno genético-neuroquímico que requiere un fuerte desencadenante ambiental cuya manifestación característica es una incapacidad para apreciar las puestas de sol". Lo definió como **un caso clínico de mierda.**

En su libro *Tribe*, Sebastian Junger escribe sobre la depresión en relación con el enojo en la forma en que se activa como parte de la respuesta de luchar-huir-paralizar. Si el enojo te está preparando para luchar, entonces la depresión es la forma en que tu cerebro se agota ... para no ser notado, para no ser demasiado activo, para no hacer las cosas que podrían ponerte en mayor peligro.

La depresión no es lo mismo que la tristeza, el dolor, hacer frente a un trauma o hacer frente a la pérdida. La depresión es el cierre completo de todas las cosas que hacen que el ser humano sea una experiencia alegre. El síntoma más grande y más consistente de la depresión es la anhedonia, que es una manera de decir que no se puede sentir placer. Si vez esa palabra, puedes ver que esencialmente significa no hedonista. Si luchas con la depresión, tienes todo tipo de sentimientos. Culpa, vergüenza, enojo, irritabilidad, desesperanza, dolor abrumador. Pero rara vez tienes experiencias de placer, gratitud, conexión y alegría. Y si los tienes, los sientes arrebatados más a menudo que no. La depresión es el ladrón de todas las cosas maravillosas que hacen que la humanidad valga la pena.

La palabra depresión proviene de la palabra latina *deprimere*, que significa presionar hacia abajo. Sí, exactamente. La depresión opera como un ancla literal en el lodo. Un diagnóstico real de trastorno depresivo mayor requiere que la anhedonia esté presente todos los días durante al menos dos semanas. Otros síntomas que también son muy, muy comunes son:

• Baja energía/fatiga

• Dolor crónico de bajo nivel

• Concentración afectada, dificultad para tomar decisiones

• Sentirse culpable y/o sin valor

• Dormir un chingo ó nada (ya sea que no estés durmiendo, ó durmiendo mal)

• Sentirse súper inquieto o muy lento (como moverse envuelto en algodón o sesos)

• Pensamientos intrusivos de muerte (ideación mórbida) ó suicidio (ideación suicida)

• Cambio en los hábitos alimenticios (y más de un cinco por ciento suben ó bajan de peso debido a esto)

• Irritabilidad, enojo, baja tolerancia a la angustia.

¿ENTONCES CÓMO FUNCIONA LA PARTE QUE MEJORA?

La mala noticia es que no hay un camino mágico para curar la depresión. Sin embargo, esa también es la buena noticia. Eso significa que puedes encontrar el camino que funcione mejor para ti. Y a la mierda a cualquiera que te diga que no estás sanando correctamente. Porque no hay una respuesta mágica sobre qué tratamientos debes buscar. Lo importante es estar al tanto de las muchas opciones disponibles entre las que puedas elegir ... especialmente cuando hay personas que intentarán imponer su cosmovisión sobre tu tratamiento.

Incluso recientemente, los profesionales de salud mental han comenzado a incorporar la atención basada en el trauma en su habla. Si la depresión es predisposición ι desencadenante, ¿no tendrá sentido analizar algunos de los posibles desencadenantes? Ya hemos cubierto todo esto, lo sé. Pero cómo recordatorio general.

Muy poca de nuestra programación genética está escrita en piedra. Dos a cinco por ciento de todas las enfermedades EN TOTAL están relacionadas con un solo gen defectuoso. Sin embargo, muchas, muchas, MUCHAS enfermedades están rondando por nuestro ADN y pueden activarse en las condiciones adecuadas. El término súper elegante y humano para esto es la *epigenética*.

Vaya, espera un momento, doctora. ¿Esto significa que mi depresión que estaba activa podría volver a desactivarse?

Mi típica respuesta de terapeuta es: *tal vez sea difícil.*

Si sabes o al menos tienes una alta sospecha de que tu trastorno del estado de ánimo tiene una raíz traumática de la chingada, entonces podría tener mucho sentido tratar el trauma junto con los otros síntomas.

Whoa, señora, ¿esto significa que no tengo que tomar medicamentos para siempre? ¿Qué tal vez no se lo herede a mis hijos? ¿Qué tal vez no empeore año tras año como lo he estado haciendo?

Estas respuestas son un *tal vez* con certeza. Ups! Ojalá supiera las ecuaciones mágicas en ese ámbito. Puedo decirte que las personas tienden a controlar mejor sus trastornos del estado de ánimo si desempacan el pinche trauma. Manejan mejor los desencadenantes presentes y futuros. A veces no están tan afectados. Por lo menos saben que decir: "Se volvió a poner de la chingada, necesito la ayuda de Buda en este pinche momento". Si estás tomando medicamentos, a menudo puedes al menos disminuir o encontrar formas de no tener que aumentar año tras año como ha sido.

Y sí, he visto remisión completa de los síntomas en varias ocasiones. Es posible.

Las personas tampoco tienen que emitir inconscientemente los ciclos del trauma en sus propios hijos. Les enseñan las habilidades de afrontamiento saludables que han aprendido. (¿Cuál es un buen libro? *Trauma Proofing Your Kids* por Peter Levine) Y si tus hijos también tienen dificultades, serán los primeros en abogar por la ayuda inmediata y temprana para evitar que luchen en contra del sistema. Y a medida que obtienen esa ayuda, no van a permitir que haya alguna persona insensible en el sistema escolar y salud mental. Porque de ninguna manera van a dejar que sus hijos sufran como lo hicieron ellos.

Este es otro de esos temas difíciles, yo lo sé. Es difícil estar contento con una enfermedad que tiende a comer personas vivas. Pero como todo lo demás, realmente creo que comprender las raíces bioquímicas del problema es increíblemente útil para sentirse menos atrapado y loco. No estás definido por tu depresión. No eres débil y no hiciste nada malo. No te merecías esto. No estás siendo castigado. Tu esquivas la tormenta perfecta de genes + desencadenantes y ahora estás tarareando y tejiendo al mismo tiempo que te las pelas para estar mejor.

Las personas que luchan contra la depresión (o cualquier enfermedad mental) son TODO menos locas.

Son sobrevivientes, luchando contra la química cerebral que está totalmente en desacuerdo con todas las cosas que hacen que la vida valga la pena. ¿Aquellos de ustedes que están leyendo esto? ¿Quién dice "Vete a la mierda, Depresión, no puedes ganar hoy"?

Lo dice la gente más valiente que conozco.

A seguir luchando.

ACTIVIDAD: LO QUE QUIERO DE VUELTA

La diferencia fundamental de la depresión con respecto a la tristeza es lo nos roba cuando ataca. Es como un estado autoritario donde no solo los comportamientos son castigados, pero también los crímenes de pensamiento. La depresión quita nuestras vidas y nuestra **voluntad** de vida.

¿Alguna vez has estado en este lugar? ¿Estás en este lugar ahora?

Me encantaría que este sea el momento en que levantes el teléfono y comiences a pedir ayuda. Ayuda de familiares y amigos, ayuda de profesionales. Pero sé lo difícil que es hacer esa llamada ... y lo difícil que es conseguir la ayuda que estás pidiendo. Se siente abrumador.

También sé que si estás leyendo este libro y has llegado tan lejos, es ahí a donde te diriges. Estás empezando a tener un pensamiento de "a la chingada con esta mierda, quiero mi vida de regreso".

¿Y si estoy en lo correcto? ¿Qué es lo que más quieres de regreso? De todas las cosas que hacen que valga la pena vivir la vida que te ha robado la depresión, ¿qué es lo que más extrañas en este momento? Puede que no sea lo más importante, y eso está bien. De hecho, es genial porque puede ser más fácil eliminarlo.

No tienes que hacer nada al respecto en este momento, a menos que quieras. Pero la intención de este ejercicio es comenzar con el *pensamiento arriesgado* que la depresión te ha prohibido tener. La idea de que puedes hacerlo mejor y mereces hacerlo mejor. La idea de que hay un mundo en el que tienes derecho a participar y tal vez incluso a disfrutar.

Vamos a empezar allí mismo. Anota esos pensamientos. Recuerda

LA IMPORTANCIA DE HONRAR EL DUELO

¿Recuerdas lo que dijimos de la línea de tiempo para la recuperación del trauma? Ya que no hay un número mágico asociado con el tiempo que necesitamos para curarnos, los investigadores han encontrado que noventa días es el período de tiempo básico para restablecer el equilibrio. Y los primeros treinta días son la parte más frágil y necesaria de ese proceso. Cuando algo interrumpe esa experiencia, es mucho más probable que experimentemos síntomas de trauma de larga duración, que pueden parecerse a la depresión, la ansiedad o cualquier número de síntomas de enfermedades mentales.

Parte de evitar una respuesta de trauma es tener el espacio para llorar. Llorar por lo que te lastimó. Llorar por lo que perdiste. Llorar por la vida que querías que no es la misma a la de ahora.

Las enfermedades mentales como la depresión y la ansiedad tienen fuertes predisposiciones genéticas, pero la investigación también muestra que aún requieren un evento desencadenante. El dolor no resuelto a menudo actúa como exactamente ese desencadenante. No tener espacio para sanar puede crear cambios bioquímicos reales en nuestro cerebro.

Tampoco es demasiado tarde, sabes como. No importa si han pasado treinta días o treinta años. Para muchas personas, la curación de una respuesta de trauma establecida puede incluir regresar y hacer el trabajo de duelo que nunca se le permitió en primer lugar. La pena nos asusta un chingo, ya sea la nuestra o la de alguien más. Se siente como una caída libre que es completamente oscura y sin fondo.

Cuando no permitimos ó no somos permitidos nuestro proceso de duelo, a menudo esto puede llevar a una experiencia de "duelo traumático". Ese es un nivel de duelo no resuelto que se convierte en enfermedad mental. Vamos a trabajar para frenar la mierda y centrarnos en honrar el dolor.

Esto comienza con la forma en que hablamos de lo sucedido, cómo apoyamos a otras personas que están de duelo y cómo nos aseguramos de que obtengamos el apoyo que necesitamos en nuestro propio proceso de curación. El duelo es el proceso fundamental de dejar ir. En su libro *How Can I Help?* June Cerza Kolf nota la estadística de que el miedo número uno experimentado por los seres humanos es el miedo al abandono. C. S. Lewis, en su libro *A Grief Observed* declaró:

"Nunca nadie me dijo que el dolor se parece tanto al miedo."

El duelo es una realización de la certeza del abandono. Es nuestro peor miedo hecho realidad.

Tiene sentido, entonces, que realmente no hablemos mucho sobre el dolor. Nos asusta un chingo. Tememos que hablar de eso de alguna manera lo invoque. Si bien sabemos a nivel intelectual que el abandono es inevitable a lo largo de nuestra existencia humana en el planeta, todavía nos desbalancea cuando sucede.

Cuando discutimos el dolor, nuestro primer pensamiento es siempre la muerte. Pero el dolor es la experiencia de cualquier tipo de pérdida, cualquier tipo de abandono en nuestras vidas. La pena puede venir con la pérdida de un empleo, la pérdida de una relación (por cualquier medio, no solo la muerte), o la pérdida de una forma de vida que hemos llegado a conocer y esperar. Podemos sufrir cambios incluso si son felices. Casarse puede ser una cosa increíble, pero todavía podemos lamentar la pérdida de nuestros días solos. Convertirse en un adulto es algo que todos esperábamos, hasta que añoramos la libertad durante la infancia y la habilidad de tener otra persona que tome las decisiones.

Nuestra expectativa cultural es poseer en lugar de liberar. La pérdida (abandono) es una liberación forzada de la cual tenemos pocos mecanismos para curarnos a nosotros mismos o apoyar la curación en otros. No nos referimos al abandono inevitable de lo que creemos que poseemos.

¿QUÉ ES EL DUELO?

Duelo significa, en palabras mas sencillas, profunda tristeza. La palabra duelo proviene de la antigua leyenda francesa, que significa "cargar". La pena se convierte en una carga literal que cargamos.

Gabor Mate, en su libro *In the Realm of Hungry Ghosts*, analiza cómo el dolor emocional ilumina el cerebro de la misma manera que lo hace el dolor físico. Cuando nos duele, literalmente nos duele. Es una carga corporal tanto como un hueso roto o una enfermedad física grave.

Esa es una definición simple de duelo. Pero el dolor tiene la costumbre de nunca ser realmente simple. Hay diferentes tipos de dolor complicado:

• El duelo puede ser *complejo*, especialmente cuando experimentas muchas pérdidas que ocurren lo suficientemente juntas como para unirlas todas.

• El duelo puede ser *anticipatorio*, lo que significa que sabemos que se avecina, por lo que estamos sufriendo en todo momento hasta que finalmente se produce la pérdida. Y no duele menos que todas las heridas anticipadas.

• El duelo puede *privarte de tus derechos*, lo que significa que el duelo no es reconocido en su profundidad por otros en nuestra red social o cultura en general. Tenemos reglas culturales para la cantidad de dolor que podemos sentir, ¿no es así? Un aborto espontáneo se considera una pérdida menor que la de un niño. Una mascota se considera menos que una persona. Un vecino menos que un padre. Un ex compañero frente a uno actual. El dolor también puede ser privado de sus derechos cuando la relación no fue saludable. A veces el alivio se mezcla con ese dolor que a su vez puede causar culpa. Por ejemplo, la pérdida de un padre que fue abusivo es a menudo una duelo de privación de derechos.

• El duelo puede *retrasarse*, lo que significa que lo ponemos en lado y seguimos funcionando hasta el punto en que regresa y nos golpea de lado. Nos mantenemos ocupados como mecanismo de protección... hasta que las cosas explotan.

• El duelo puede ser *desplazado*, lo que significa que nos escondemos y cubrimos la fuente real de nuestra aflicción y tenemos una fuerte reacción a otra cosa que parece fuera de proporción. Por ejemplo, alguien puede parecer estoico ante la pérdida de su padre, y luego llorar incontrolablemente después de encontrar un pájaro moribundo en su patio unos meses después.

LA PINCHE GENTE COMÚN Y CORRIENTE DICE QUE ESO NO AYUDA

"El tiempo lo cura todo, ¿sabes?"

Awebo! Sé que eventualmente mejorará. Pero ahorita esto no está bien, ¿verdad? Así que deja de hablar.

"Es una bendición. Estaba sufriendo, tenia dolor, estaba listo para irse ".

Tal vez sea así. Pero yo no estaba listo. O tal vez estaba listo, pero ahora mi duelo anticipado esta hasta el techo. No importa que haya sido una buena muerte, o lo mucho que te hayas preparado, esa MIERDA TODAVÍA PASO.

"Dios nunca nos da más de lo que podemos manejar".

Dios (o cualquier poder superior) no es una especie de imbécil que pone sufrimiento y esfuerzo a prueba de fuego. Si Ella quería captar mi atención o estimular mi desarrollo personal, hay maneras mucho mejores de hacerlo. A la gente les pasan cosas con las que no pueden lidiar todo el tiempo. Eso no nos hace un fracaso ante los ojos de nuestro sistema de fe. No perturbes el viaje espiritual de nadie diciéndole esto en su cara. Y no los dispongas a que sientan que no deben pedir ayuda.

"Debemos ser fuertes."

¿Por qué? ¿Por qué debo? ¿Por qué no puedo ser tan pequeño, y herido, y excluido como me siento? ¿Por qué no se me permite mi experiencia? ¿Por qué tengo que pretender ser mejor de lo que siento? A la chingada con la fuerza falsa. No soy fuerte en este momento, así que no voy a pretender serlo.

"Estás lidiando con eso muy bien."

Esta mierda va junto con "siendo fuerte". Ya sea que lo seas o no, no viene al caso. No tienes idea de mis momentos privados o de mi realidad interna. Y no quiero cumplidos por hacer que todos a mi alrededor se sientan más cómodos al no berrear y llorar. Porque es posible que deba berrear y llorar en algún momento, y ahora tendré miedo de hacerlo delante de ti.

"Se como te sientes."

Pinche madre Buda, tú NO. No compares tu pérdida con la mía. Ya sea menos, lo mismo, o peor. Solo no trates de secuestrar mi experiencia. El dolor de cada uno es único. Puede que tengas una buena idea de lo que siento, pero te prometo que no tendrás la misma experiencia que yo. Darme permiso de ser la única persona que sabe exactamente lo que estoy pasando en este mismo momento.

Todos hemos dicho esta mierda y todos hemos escuchado esta mierda. Puede que no haya sido ofensivo para quien sea el receptor, pero ciertamente no fue útil. Así que por favor, muérdete la lengua en situaciones similares. Si no sabes qué decir, solo cállate y quédate ahí.

Si se te sale algo estúpido, reconócelo. Di: "No quise decir algo tan estúpido. Me siento torpe e inútil y estaba tratando de encontrar algo que te hiciera sentir mejor cuando no hay nada mágico que decir. Lo siento mucho."

Aquí hay algunas cosas que puedes decir. Ninguna de estas afirmaciones es pomada emocional mágica. Puede ser que no ayuden. Pero no disminuirán ni degradarán la experiencia de duelo de otra persona. No moldearán ni controlarán tu comportamiento según tus expectativas u objetivos sociales.

• Debes sentir como si este dolor nunca terminara.

• Lamento mucho que todo esto te haya pasado.

• Esto debe parecer más de lo que puedes lidiar.

• No sientas que necesitas ser fuerte cuando estás sufriendo y necesitas ayuda.

• Está bien llorar. O estar enojado. O sentirse adormecido. Cualquier cosa que sientas está bien.

• Algunas cosas simplemente no tienen sentido.

• No tengo nada que decir para mejorar las cosas para ti ahora, pero estaré aquí contigo.

• Me alegro de poder ayudar de cualquier manera, pero no necesito hacer algo **para ti para** sentirme mejor. Yo te ofreceré ayuda, pero también haré nada si así lo prefieres.

O simplemente puedes estar tranquilo. No tienes que hablar para ser una presencia sanadora en la vida de alguien.

Aquí hay otras formas de cuidar a alguien que está sufriendo.

• Escucha de manera diferente. Dale a la gente espacio para contar su historia si lo desean. No interpretes ni añadas tu propio filtro. Muestra franqueza y receptividad a lo que dicen para demostrar que puedes estar con ellos mientras procesan. Reflexiona lo que están diciendo y cómo se sienten. Haz preguntas abiertas que los alienten a seguir hablando si lo desean. Valida sus experiencias. Demuestra que te importan y te preocupas por ellos. Estos son todos los trucos básicos que los terapeutas usan para entablar relaciones con sus clientes porque solo son buenas *personas conectando con otras personas* habilidades de tener.

• Ofrece apoyo específico que realmente satisfaga una necesidad. No hagas ofertas en vano y vagas de apoyo. A veces, cuando estamos en duelo, no sabemos qué ayudaría, pero si alguien ofrece llevar a los niños a la piscina o lavar los platos, nos damos cuenta de que sería maravilloso.

• Pregunta qué ayudaría. También está bien decir que no sabes qué ofrecer que sería útil, pero si hay algo que te PODRIA ayudar con gusto lo harías. Si alguien más en la vida de la persona en duelo actúa como la persona de apoyo/punto principal, pregúntale a ESA PERSONA.

• Si dicen que no, no insistas. Diles que la oferta permanece abierta pero no molestes ni agobies.

• No esperes que las personas puedan responder preguntas o tomar decisiones. Evita preguntar lo más que puedas cuando estén en los primeros días de su experiencia de dolor. Cuando te sientes completamente derrumbado, poner las piezas en orden para ser racional se siente abrumador.

• Con compasión, siéntate con el dolor y el sufrimiento de la persona. Haz esto en lugar de ofrecer historias positivas o tratar de arreglarlo dando consejos o sugerencias. Estar dispuesto a no hacer nada, solo estar con, reconocer y honrar a la persona, su dolor y su sufrimiento. El solo hecho de haber contado la historia de uno puede ser poderosamente terapéutico.

• Presenciar su historia y experiencia más que a tu idea de la verdad o lo que crees que debería sentir o hacer.

• Sé consciente del sesgo que nuestra cultura tiene hacia las historias de redención. No intentes cambiar, reescribir, volver a enmarcar o invalidar las historias finales no liberadoras ni felices de la persona.

• Da crédito por los pequeños o grandes esfuerzos, la resistencia o la fuerza para enfrentar los desafíos sin ser condescendiente. Si alguien está en espiral hacia la depresión, es importante estimular los comportamientos que muestran movimiento hacia la curación, en lugar de simplemente rescatarlos cuando parecen abrumados.

• Mantén un pie en reconocimiento y otro en posibilidades, pero no insistas en siempre hablar de las posibilidades.

• Habla sobre la complejidad de la situación, incluyendo las aparentes contradicciones. Me gusta, *no puedes seguir sufriendo así* Y *no quieres morir*. O, *quieres darte por vencido* y *no quieres darte por vencido*. Enunciados compuestos con Y son definitivamente más poderosos que enunciados con PERO. Cada vez que acentuamos con un "... pero ..." REALMENTE estamos diciendo "estás equivocado" en lugar de sentarnos con las contradicciones que todos sentimos cuando estamos en duelo.

TOMANDO ACCIÓN: HONRANDO EL DUELO A TRAVÉS DE LA CEREMONIA

Hemos hablado de cómo el cerebro humano está cableado para la historia. Y música. Y la conexión. ¿Es de extrañar, entonces, que anhelemos la ceremonia? La antropóloga de Cornell Meredith Small llama a las ceremonias los signos de puntuación de la vida.

Esto tiene sentido, ¿verdad? Si nuestra memoria operativa solo puede contener siete (sí, más o menos dos) elementos de conocimiento a la vez, ¿es de extrañar, entonces, que pensemos en símbolos y naveguemos por el mundo dentro de esa realidad? ¿Qué hagamos sentido a través de la expresión creativa?

Tenemos ciertas ceremonias culturales para el dolor. Los funerales son el ejemplo obvio. Pero los funerales a menudo son cada vez más desalmados. Una cosa mas que debía pasar, en lugar de una oportunidad para llorar. Y tantos eventos llenos de dolor no obtienen una ceremonia de clausura. No porque no lo necesitemos, sino porque no hay un palabras para esa necesidad.

Y aquí es donde llenamos el vacío.

¿Qué estás llorando que ni siquiera tienes las palabras? ¿Qué simboliza tu experiencia? ¿Cómo puedes usar estos símbolos para crear significado? ¿En qué consistiría tu ceremonia?

• No te olvides de los dolientes olvidados. A menudo, muchas personas se ven afectadas por una pérdida, pero nos enfocamos en principalmente ciertas personas.

CONCLUSIÓN:
UNA NUEVA NORMALIDAD

RECONOCE QUE TIENES PODER Y VALOR

El desmadre se pone mejor. En serio si mejora. No a la perfección, no ingenuidad pre-traumática. Pero mejor. Y a veces, la experiencia de recuperar tu poder en tus propios términos es más valiosa y más profunda.

Algunas cosas probablemente te desencadenaran. Aniversarios, circunstancias de la vida.

Pero tu relación con tu trauma cambiará. Ya no será la bestia que controla todos tus movimientos.

Tu trauma será más como ese vecino jodón que nunca tiene nada que hacer.

Tu sabes cual es ese tipo de persona.

Quién te recuerda que la recolección de basura se cambia porque están en un horario de vacaciones. O te dice que tu perro llora mucho cuando estás en el trabajo. O que el muchacho nuevo en el piso de abajo se ve totalmente como el dibujo de ese hombre que estaba en las noticias por robar una tienda de conveniencia. Ya sabes, podría ser él.

Son personas molestonas con buenas intenciones. Y te haces amigo de esa persona como lo haces con tu trauma.

A veces te dan información buena y útil. Dices gracias. Tomas la información importante y la usas e ignoras el resto.

Si no necesitas hacer algo al respecto, les das las gracias por compartir información con la intención de ayudarte a mantenerte seguro.

Tú escuchas, sonríes y piensas "Vete a la chingada, Amygdala" y regresas a vivir tu vida.

LECTURA RECOMENDADA
OTRAS PERSONAS QUE ESCRIBEN COSAS CHIDAS

Muchos de los libros que he encontrado útiles a lo largo de los años tienden a tener una audiencia específica que puede no incluirnos a mi o a ti intencionalmente. El trabajo de Gary Chapman sobre los cinco lenguajes del amor es un gran ejemplo de esto. Es un marco maravilloso para la comunicación en las relaciones, pero sus libros están escritos desde su punto de vista de que todas las relaciones románticas son cisgéneros y heterosexuales y que el cristianismo es la práctica espiritual estándar. Nada de eso es malo si eso es lo tuyo, por supuesto. Pero lo menciono como una advertencia general. Es posible que un libro en sí no esté orientado hacia tu identidad y camino de vida. Pero eso no significa que las ideas contenidas en ellos no valgan nada. Como todos los que no encajamos, hemos aprendido ...a tomar lo que funciona e ignora lo que no.

Adicción

Memoirs of An Addicted Brain: A Neuroscientist Examines His Former Life on Drugs escrito por Marc Lewis

In The Realm of Hungry Ghosts: Close Encounters With Addiction escrito por Gabor Mate

Eating in the Light of the Moon: How Women Can Transform Their Relationship with Food Through Myths, Metaphors, and Storytelling escrito por Anita A. Johnston

Seeking Safety: A Treatment Manual for PTSD and Substance Abuse escrito por Lisa M. Najavits

A Woman's Addiction Workbook: Your Guide To In-Depth Healing escrito por Lia M. Najavits

Rational Recovery: The New Cure for Substance Addiction escrito por Jack Trimpsey

12 Stupid Things That Mess Up Recovery: Avoiding Relapse Through Self-Awareness and Right Action escrito por Allen Berger

12 Smart Things To Do When The Booze and Drugs Are Gone: Choosing Emotional Sobriety Through Self-Awareness and Right Action escrito por Allen Berger

—además de todo lo escrito por *Patrick Carnes'* en adicción.

Ansiedad, Depresión, Enojo, y Otro Trastornos Emocionales

Hello Cruel World: 101 Alternatives to Suicide for Teens, Freaks, and Other Outlaws escrito por Kate Bornstein

Alive With Vigor! Surviving Your Adventurous Lifestyle escrito por Robert Earl Sutter III

How To Not Kill Yourself: A Survival Guide for Imaginative Pessimists escrito por Set Sytes

Bluebird: Women and The New Psychology of Happiness escrito por Ariel Gore

Maps To The Other Side: The Adventures of A Bipolar Cartographer escrito por Sascha Altman DuBrul

Furiously Happy: A Funny Book About Horrible Things escrito por Jenny Lawson

The Price of Silence: A Mom's Perspective on Mental Illness escrito por Liza Long

Duelo

Being With Dying: Cultivating Compassion and Fearlessness in the Presence of Death escrito por Joan Halifax

A   Grief   Observed   by   C.S.   Lewis
Black Swan: The Twelve Lessons of Abandonment Recovery escrito por Susan Anderson

The Journey from Abandonment to Healing: Surviving Through and Recovering From the Five Stages That Accompany the Loss of Love by Susan Anderson

Sign Posts of Dying escrito por Martha Jo Atkins

Good Grief escrito por Granger E. Westberg

How Can I Help? Reaching Out To Someone Who Is Grieving escrito por June Cerza Kolf

Relaciones

Sex from Scratch: Making Your Own Relationship Rules escrito por Sarah Mirk

Consensuality: escrito por Helen Wildfell

How to Be an Adult in Relationships: The Five Keys to Mindful Loving escrito por David Richo

The Five Love Languages escrito por Gary Chapman

—además todos los otros libros específicamente en relaciones que usan el modelo de lenguaje del amor escritos por *Gary Chapman*

Auto-Compasión

Self-Compassion: The Proven Power of Being Kind To Yourself escrito por Kristen Neff

The Mindful Path to Self-Compassion: Freeing Yourself from Destructive Thoughts and Emotions escrito por Christopher Germer

The Self-Compassion Diet: A Step-by-Step Program to Lose Weight with Loving-Kindness escrito por Jean Fain

Meditación, Atención Plena, y Reducción de Estrés

Don't Just Do Something, Sit There: A Mindfulness Retreat with Sylvia Boorstein escrito por Sylvia Boorstein

Full Catastrophe Living: Using the Wisdom of Your Body and Mind to Face Stress, Pain, and Illness escrito por John Kabat-Zinn

A Path with Heart: A Guide Through the Perils and Promises of Spiritual Life escrito por Jack Kornfield

—y casi todo lo escrito por Pema Chodron, Thich Nhat Hahn, y His Holiness The Dalai Lama

Trauma

The Broken Places escrito por Joseph McBride

Dear Sister: Letters From Survivors of Sexual Violence editado por Lisa Factora-Borchers

Trauma and Recovery: The Aftermath of Violence—From Domestic Abuse to Political Terror escrito por Judith L. Herman

—además de todo lo escrito por Peter A. Levine

FUENTES

CAPÍTULOS UNO AL TRES

TODO EL CEREBRO Y LAS COSAS RELACIONADAS CON EL TRAUMA

Barrett, Lisa Feldman. "Solving the Emotion Paradox: Categorization and the Experience of Emotion." Personality and Social Psychology Review 10, no. 1 (2006): 20–46. Accessed September 7, 2016. doi:10.1207/s15327957pspr1001_2. http://affective- science.org/pubs/2006/Barrett2006paradox.pdf

Beck, Aaron T. *Prisoners of Hate: The Cognitive Basis of Anger, Hostility, and Violence.* New York: HarperCollins Publishers, 1999.

Beck, Aaron T., John A. Rush, and Brian F. Shaw. *Cognitive Therapy of Depression.* 7th ed. New York: Guilford Publications, 1987.

Beck, Judith S., Aaron T Beck, Judith V. Jordan, and Aaron Carroll. *Cognitive Behavior Therapy, Second Edition: Basics and Beyond.* 2nd ed. New York: Guilford Publications, 2011.

Beck, Judith S and Aaron T Beck. *Cognitive Therapy for Challenging Problems: What to Do When the Basics Don't Work.* New York: Guilford Publications, 2011.

Bush, G. et al. "Dorsal Anterior Cingulate Cortex: A Role in Reward-Based Decision Making. - PubMed - NCBI." 2013. Accessed September 28, 2016. https://www.ncbi.nlm. nih.gov/m/pubmed/11756669/

Case-Lo, Christine. "Autonomic Dysfunction | Definition and Patient Education." May 2011. Accessed January 6, 2016. http://www.healthline.com/health/autonomic-dysfunction.

Dean, Jeremy. "Anchoring Effect: How The Mind Is Biased by First Impressions." May 23, 2013. Accessed September 3, 2016. http://www.spring.org.uk/2013/05/the-anchoring-effect-how-the-mind-is-biased-by-first-impressions.php.

Foa, Edna B, Terence M Keane, and Matthew J Friedman. *Effective Treatments for PTSD: Practice Guidelines from the International Society for Traumatic Stress Studies.* Edited by Professor Edna B Foa, PhD Terence M Keane, and Executive Matthew J Friedman. New York: Guilford Publications, 2004.

Foster, Jane A. *Gut Feelings: Bacteria and the Brain.* 2013 (July 1, 2013). Accessed September 2, 2016. http://www.ncbi.nlm.nih.gov/pmc/articles/PMC3788166/.

Hendy, David. *Noise: A Human History of Sound and Listening.* New York, NY, United States: HarperCollins Publishers, 2013.

Herman, Judith Lewis L. *Trauma and Recovery: The Aftermath of Violence - from Domestic Abuse to Political Terror*. New York, NY: Basic Books, 1992.

Mehl-Madrona, Lewis. *Remapping Your Mind: The Neuroscience of Self-Transformation Through Story*. United States: Bear & Company, 2015.

Miller, George A. *The Magical Number Seven, Plus or Minus Two Some Limits on Our Capacity for Processing Information*. 101, no. 2 (1955): 343–52. Accessed September 3, 2016. http://www.psych.utoronto.ca/users/peterson/psy430s2001/Miller%20 GA%20 Magical%20Seven%20Psych%20Review%201955.pdf.

Mitchell, Jeffrey Diplomate T and American. "TROUSSE PSYCHOTRAUMATIQUE DE DIAGNOSTIC RAPIDE." 2008. Accessed January 4, 2016. http://www.info-trauma.org/ flash/media-e/mitchellCriticalIncidentStressDebriefing.pdf.

Pessoa, Luiz. "Emotion and Cognition and the Amygdala: From 'what Is It?' to 'what's to Be Done?'." 2010. Accessed January 4, 2016. http://lce.umd.edu/publications_files/ Pessoa_Neuropsychologia_2010.pdf.

Phelps, Elizabeth. "Human Emotion and Memory: Interactions of the Amygdala and Hippocampal Complex." Current Opinion in Neurobiology 14, no. 2 (2004): 198–202. Accessed May 18, 2016.

Porges, Stephen W. *The Polyvagal Theory: New Insights into Adaptive Reactions of the Autonomic Nervous System*. 76, no. Suppl 2. Accessed June 7, 2016. ncbi. nlm.nih. gov/pmc/articles/PMC3108032/.

Stevens, FL, et al. "Anterior Cingulate Cortex: Unique Role in Cognition and Emotion. - PubMed - NCBI." 2007. Accessed September 28, 2016. https://www.ncbi.nlm.nih. gov/m/pubmed/21677237/.

Tulving, Endel. "Episodic and Semantic Memory" (1972). Accessed May 18, 2016 http://alicekim.ca/EMSM72.pdf.

HJ, Markowitsch and Staniloiu A. "Amygdala in Action: Relaying Biological and Social Significance to Autobiographical Memory. - PubMed - NCBI." 1985. Accessed January 4, 2016. http://www.ncbi.nlm.nih.gov/m/pubmed/20933525/.

Judith. "Section 1: Foundations of the Trauma Practice Model 13 6. Tri-Phasic Model (Herman, 1992)." 2005. Accessed January 4, 2016. http://www.hogrefe.com/program/ media/catalog/Book/trauma p13-15.pdf.

Junger, Sebastian. *Tribe: On Homecoming and Belonging*. United States: Twelve, 2016.

Lehrer, Jonah. *How We Decide*. Boston: Houghton Mifflin Harcourt, 2009.

Levine, Peter A. *Waking the Tiger: Healing Trauma - the Innate Capacity to Transform Overwhelming Experiences*. Berkeley, CA: North Atlantic Books,U.S., 1997.

Levine, Peter A. and Maggie Kline. *Trauma-Proofing Your Kids: A Parents' Guide for Instilling Joy, Confidence, and Resilience.* Berkeley, CA: North Atlantic Books,U.S., 2008.

Levine, Peter A and Maggie Kline. *Trauma Through a Child's Eyes: Awakening the Ordinary Miracle of Healing: Infancy Through Adolescence.* Berkeley, CA: North Atlantic Books,U.S., 2006.

Levine, Peter A and Gabor Maté. *In an Unspoken Voice: How the Body Releases Trauma and Restores Goodness.* Berkeley: North Atlantic Books,U.S., 2010.

Lipton, Bruce. *The Biology of Belief.* Santa Rosa, CA: Mountain of Love/Elite Books, 2005.

Marsh, Elizabeth & Roediger, Henry. "Episodic and Autobiographical Memory." 2013 Chapter. n.p., 2013. http://marshlab.psych.duke.edu/publications/Marsh&Roediger2013_Chapter.pdf

Mussweiler, Thomas, Birte Englich, and Fritz Strack. "Anchoring Effect." n.p., n.d. http://soco.uni-koeln.de/files/PsychPr_04.pdf.

National Center for PTSD "How Common Is PTSD? - PTSD: National Center for PTSD." August 13, 2015. Accessed January 5, 2016. http://www.ptsd.va.gov/public/PTSD-overview/basics/how-common-is-ptsd.asp.

Oxford Dictionary. Oxford University Press. s.v "habit: definition of habit in Oxford dictionary (American English) (US)." Accessed January 5, 2016. http://www.oxforddictionaries.com/us/definition/american_english/habit.

Oxford Dictionary. Oxford University Press. s.v "post-traumatic stress disorder: definition of post-traumatic stress disorder in Oxford dictionary (American English)

(US)." Accessed January 5, 2016. http://www.oxforddictionaries.com/us/definition/american_english/post-traumatic-stress-disorder.

Sapolsky, Robert M. *Why Zebras Don't Get Ulcers: An Updated Guide to Stress, Stress-Related Diseases, and Coping.* 3rd ed. New York: W.H. Freeman and Company, 1998.

Schiraldi, Glenn R. *The Post-Traumatic Stress Disorder Sourcebook: A Guide to Healing, Recovery, and Growth.* Los Angeles, CA: McGraw-Hill Professional, 2000.

Taylor, Jill Bolte and Ph. D. Taylor. *My Stroke of Insight: A Brain Scientist's Personal Journey.* New York: Penguin Putnam, 2008.

Trafton, Anne and MIT News Office. "Music in the Brain | MIT News." December 16, 2015. Accessed September 6, 2016. http://news.mit.edu/2015/neural-population-music-brain-1216.

Treatment Innovations. "All Seeking Safety Studies—Treatment Innovations." Accessed January 4, 2016. http://www.treatment-innovations.org/evid-all-studies-ss. html

Turner, Cory. "This Is Your Brain. This Is Your Brain On Music : NPR Ed : NPR." September 10, 2014. Accessed September 6, 2016. http://www.npr.org/sections/ed/2014/09/10/343681493/this-is-your-brain-this-is-your-brain-on-music.

Van Der Hart, Onno, Paul Brown, and Bessel A Van Der Kolk. "Pierre Janet's Treatment of Post-Traumatic Stress." 2006. Accessed January 4, 2016. http://www.onnovdhart.nl/ articles/treatmentptsd.pdf.

Van Der Hart, Onno, Paul Brown, and Horst, Rutger. "The Dissociation Theory of Pierre Janet." 2006. Accessed January 4, 2016. http://www.onnovdhart.nl/articles/dissociationtheory.pdf.

Van der Hart, Onno. & Friedman, Barbara "Trauma Information Pages, Articles: Van der Hart Et Al (1989)." January 1930. Accessed January 4, 2016. http://www.trauma-pages.com/a/vdhart-89.php.

Van Der Kolk, Bessel. *The Body Keeps the Score: Brain, Mind, and Body in the Healing of Trauma*. United States: Penguin Books, 2015.

Worrall, Simon. "Your Brain Is Hardwired to Snap." News (National Geographic News), February 7, 2016. http://news.nationalgeographic.com/2016/02/160207-brain- violence-rage-snap-science-booktalk/.

Yahya, Harun. Accessed October 3, 2016. http://m.harunyahya.com/tr/buku/987/the-miracle-of-hormones/chapter/3689/the-two-governors-of-our-body-the-hypothalamus-and-the-pituitary-gland

CAPÍTULO CUATRO
LA MEJORA A TRAVÉS DE LAS COSAS DE CUIDADO PERSONAL

Bass, Ellen and Jude Brister. *I Never Told Anyone: Writings by Women Survivors of Child Sexual Abuse*. Edited by Louise Thornton. New York, NY: William Morrow Paperbacks, 1991.

Bass, Ellen and Laura Davis. *The Courage to Heal: A Guide for Women Survivors of Child Sexual Abuse*. 3rd ed. New York: HarperPerennial, 1994.

Bounds, Gwendolyn. "How Handwriting Boosts the Brain" - WSJ. (Indiana University), October 5, 2010. http://www.wsj.com/articles/SB100014240527487046 315045755319327 54922518.

Burdick, Debra E and Lcsw Debra Burdick. *Mindfulness Skills Workbook for Clinicians and Clients: 111 Tools, Techniques, Activities & Worksheets*. New York, NY, United States: Pesi Publishing and Media, 2013.

Burns, David D. *When Panic Attacks: The New, Drug-Free Anxiety Therapy That Can Change Your Life*. New York: Crown Publishing Group, 2006.

Culatta, Richard. "Script Theory." 2015. Accessed September 2, 2016. http://www.instructionaldesign.org/theories/script-theory.html.

Davis, Laura, Laura Davies, and Laura Hough. *Allies in Healing: When the Person You Love Is a Survivor of Child Sexual Abuse*. New York: William Morrow Paperbacks, 1991.

Domonell, Kristen. "Endorphins and the Truth about Runner's High." January 8, 2016. Accessed September 7, 2016. http://dailyburn.com/life/fitness/what-are-endorphins- runners-high/.

Domonell, Kristen and Daily Burn. "Why Endorphins (and Exercise) Make You Happy - CNN.Com." CNN (CNN), January 13, 2016. http://www.cnn.com/2016/01/13/health/ endorphins-exercise-cause-happiness/.

Fischer, Jason B. *The Two Truths about Love: The Art and Wisdom of Extraordinary Relationships*. Oakland, CA: New Harbinger

Prince Edward Island Rape and Sexual Assault Centre . "Grounding Techniques." 2013. Accessed January 4, 2016. http://www.peirsac.org/peirsacui/er/educational_resources10.pdf

Seligman, Martin E. P. *Learned Optimism: [how to Change Your Mind and Your Life]*. 2nd ed. New York, NY: Pocket Books, 1998.

Seligman, Martin E. P. and Seligman Martin. *Authentic Happiness: Using the New Positive Psychology to Realize Your Potential for Lasting Fulfillment*. New York: Simon & Schuster Adult Publishing Group, 2004.

Stahl, Bob and Elisha Goldstein. *A Mindfulness-Based Stress Reduction Workbook*. Oakland, CA: New Harbinger Publications, 2010.

Tennessee Medical Foundation. "Grounding Techniques." Accessed January 4, 2016. https://www.e-tmf.org/downloads/Grounding_Techniques.pdf

Williams, Mary Beth, Soili Poijula, Soili Pojula, and Lasse A. Nurmi. *The PTSD Workbook: Simple, Effective Techniques for Overcoming Traumatic Stress Symptoms*. Oakland, CA: New Harbinger Publications,U.S., 2002.

CAPITULO CINCO
OPCIONES DE TRATAMIENTO Y LA VARIEDAD DE CUIDADOS DISPONIBLES

Davis, Joseph A. "Critical Incident Stress Debriefing from a Traumatic Event." February 12, 2013. Accessed January 4, 2016. https://www.psychologytoday.com/blog/ crimes-and-misdemeanors/201302/critical-incident-stress-debriefing-traumatic- event

EEGInfo.com. "What Is Neurofeedback? FAQ, Watch Video, Find a Neurofeedback Provider in Your Area, Professional Training Courses for Clinicians - EEG Info." Accessed June 7, 2016. http://www.eeginfo.com/what-is-neurofeedback.jsp.

Engel, Meredith. "Does Energy Healing Really Work? - NY Daily News." July 18, 2014. Accessed June 7, 2016. http://www.nydailynews.com/life-style/health/energy-healing- work-article-1.1872210.

Gelender, Amanda "Doctors Put Me on 40 Different Meds for Bipolar and Depression. It Almost Killed Me. — Invisible Illness — Medium." May 31, 2016. Accessed June 7, 2016. https://medium.com/invisible-illness/doctors-put-me-on 40 different-meds- for-bipolar-and-depression-it-almost-killed-me-c5e4fbea2816#.cadpk38ga.

International Electromedical Products. "Alpha-Stim Clinical Research." 2016. Accessed June 7, 2016. http://www.alpha-stim.com/healthcare-professionals/clinical- research/.

Korry, Elaine. "Too Many Children In Foster Care Are Getting Antipsychotic Meds : Shots - Health News : NPR." September 2, 2015. Accessed June 7, 2016. http://www. npr. org/sections/health-shots/2015/09/02/436350334/california-moves-to-stop-

misuse-of- psychiatric-meds-in-foster-care.

Kubany, Edward S and Tyler C Ralston. *Treating PTSD in Battered Women: A Step-by-Step Manual for Therapists and Counselors.* Oakland, CA: New Harbinger Publications, 2008.

Lieberman, Jeffrey A., T. Scott Stroup, Joseph P. McEvoy, Marvin S. Swartz, Robert A. Rosenheck, Diana O. Perkins, Richard S. E. Keele, et al. "Effectiveness of Antipsychotic Drugs in Patients with Chronic Schizophrenia — NEJM." New England Journal of Medicine 353, no. 12 (September 22, 2005): 1209–23. doi:10.1056/nejmoa051688.

Mayo Foundation for Medical Education and Research. "Overview - Biofeedback - Mayo Clinic." Mayoclinic January 14, 2016,. Accessed June 7, 2016. http://www. mayoclinic.org/tests-procedures/biofeedback/home/ovc-20169724.

Mayo Foundation for Medical Education and Research. "What Is Reflexology? - Mayo Clinic." Mayoclinic September 23, 2015,. Accessed September 10, 2016. http://www.mayoclinic.org/healthy-lifestyle/consumer-health/expert-answers/what-is-reflexology/faq-20058139.

MentalHelp.net. "Chiropractic Care." 1995. Accessed June 7, 2016. https://www.mentalhelp.net/articles/chiropractic-care/.

Miller, Anna. "What Is Reiki? | Health & Wellness | US News." Accessed September 10, 2016. http://health.usnews.com/health-news/health-wellness/articles/2014/11/10/what-is-reiki

Mitchell, Jeffery. "Critical Incident Stress Debriefing." Accessed January 4, 2016. http://www.info-trauma.org/flash/media-e/mitchellCriticalIncidentStressDebriefing.pdf

McMillen, Matt. "Benefits of Exercise to Help With Depression." 2005. Accessed September 7, 2016. http://www.m.webmd.com/depression/features/does-exercise-help-depression.

Mazumdar, Agneeth and Jamie Flexman. "5 Brain Hacks That Give You Mind-Blowing Powers | Cracked.Com." March 25, 2013. Accessed August 3, 2016. http://www.cracked. com/article_20166_5-brain-hacks-that-give-you-mind-blowing-powers_p4.html.

McMillen, Matt. "Benefits of Exercise to Help With Depression." 2005. Accessed September 7, 2016. http://www.m.webmd.com/depression/features/does-exercise-help-depression.

Greenberger, Dennis, Christine A Padesky, and Aaron T Beck. *Mind over Mood: Change How You Feel by Changing the Way You Think*. New York: Guilford Publications, 1995.

Najavits, Lisa M. *Seeking Safety: A Treatment Manual for PTSD and Substance Abuse*. New York: Guilford Publications, 2002.

New York State Office Of The Attorney General. "A.G. Schneiderman Asks Major Retailers To Halt Sales Of Certain Herbal Supplements As DNA Tests Fail To Detect Plant Materials Listed On Majority Of Products Tested | Www.Ag.Ny.Gov," 1998, accessed June 7, 2016, http://www.ag.ny.gov/press-release/ag-schneiderman-asks-major-retailers-halt-sales-certain-herbal-supplements-dna-tests.

Padesky, Christine A, Dennis Greenberger, and Mark S. Schwartz. *Clinician's Guide to Mind over Mood*. 2nd ed. New York: Guilford Publications, 1995.

Pulsipher, Charlie. "Natural Vs. Synthetic Vitamins – What's the Big Difference?" January 2, 2014. Accessed June 7, 2016. https://sunwarrior.com/healthhub/natural-vs- synthetic-vitamins.

Quintanilla, Doris. "Chiropractic Care Can Help Lessen Depression Symptoms." December 24, 2013. Accessed September 8, 2016. http://www.psyweb.com/articles/depression-treatment/chiropractic-care-can-help-lessen-depression-symptoms.

Rettner, Rachael."Herbal Supplements Often Contain Unlisted Ingredients." Accessed June 7, 2016. http://www.livescience.com/40357-herbal-products-unlisted-ingredient. html.

CAPÍTULOS SEIS Y DIEZ
SÍNTOMAS ESPECÍFICOS, SITUACIONES Y DIAGNÓSTICOS

Berger, Allen. *12 Stupid Things That Mess up Recovery: Avoiding Relapse Through Self-Awareness and Right Action*. United States: Hazelden Information & Educational Services, 2008.

Blair, R. J. R. *Considering Anger from a Cognitive Neuroscience Perspective*. 3, no. 1. Accessed October 3, 2016. https://www.ncbi.nlm.nih.gov/pmc/articles/PMC3260787/.

Carnes, Patrick J. and Ph. D. Patrick. *A Gentle Path Through the Twelve Steps: The Classic Guide for All People in the Process of Recovery*. United States: Hazelden Information & Educational Services, 1994.

Doyle, Robert and Joseph Nowinski. *Almost Alcoholic: Is My (or My Loved One's) Drinking a Problem?* New York, NY, United States: Hazelden Publishing & Educational Services, 2012.

Evans, Katie, Michael J Sullivan, and J. Michael Sullivan. *Dual Diagnosis: Counselling the Mentally Ill Substance Abuser*. New York: Guilford Publications, 1990.

Gulz, Agneta. *Conceptions of Anger and Grief in the Japanese, Swedish, and American Cultures– the Role of Metaphor in Conceptual Processes*. n.p., n.d. http://www.lucs.lu.se/LUCS/007/LUCS.007.pdf.

Hamilton, Tim and Pat Samples. *The Twelve Steps and Dual Disorders: A Framework of Recovery for Those of Us with Addiction and an Emotional or Psychiatric Illness*. United States: Hazelden Information & Educational Services, 1994.

Hazelden Publishing. *The Dual Disorders Recovery Book: Twelve Step Programme for Those of Us with Addiction and an Emotional or Psychiatric Illness*. United States: Hazelden Information & Educational Services, 1993.

Hendrickson, Edward L. *Designing, Implementing and Managing Treatment Services for Individuals with Co-Occurring Mental Health and Substance Use Disorders: Blue Prints for Action*. New York: Haworth Press, 2006.

Hahn, Thich Nhat. *Anger: Wisdom for Cooling the Flames*. United States: Riverhead Books,U.S., n.d.

Huesmann, Rowell L. The Impact of Electronic Media Violence: Scientific Theory and Research. 41, no. 6 Suppl 1 (April 12, 2013). Accessed January 6, 2016. http://www. ncbi. nlm.nih.gov/pmc/articles/PMC2704015/.

Kubler-Ross, Elisabeth. *On Death and Dying: What the Dying Have to Teach Doctors, Nursers, Clergy and Their Own Families*. New York, NY: Simon & Schuster Adult Publishing Group, 1997.

Lakoff, George and Kovecses, Zoltan. "The Cognitive Model of Anger Inherent in American English" 1983. n.p., 2011. https://georgelakoff.files.wordpress. com/2011/04/the-cognitive-model-of-anger-inherent-in-american-english-lakoff-and- kovecses-1983.pdf

Lingford-Hughes, Ann and Nutt, David."Neurobiology of Addiction and Implications for Treatment | The British Journal of Psychiatry." EDITORIAL 182, no. 2 (February 1, 2003): 100–197. Accessed October 3, 2016. doi:10.1192/bjp.182.2.97. http://bjp.rcpsych. org/content/182/2/97.

Maté, Gabor. *In the Realm of Hungry Ghosts: Close Encounters with Addiction*. Berkeley, CA: North Atlantic Books, 2011.

Nationmaster. "Japan Vs United States Crime Stats Compared." 2009. Accessed January 6, 2016. http://www.nationmaster.com/country-info/compare/Japan/ United- States/Crime.

Zwaan, Rolf A. "Experiential Framework for Language Comprehension: The Immersed Experiencer: Toward An Embodied Theory of Language Comprehension." Learning and Motivation 44 (2003) Accessed September 1, 2016. http://old.nbu.bg/ cogs/events/2004/materials/Schmalhofer/Zwaan_2003_learning&motivation. PDF.

AGRADECIMIENTOS

Cuando renuncié a mi trabajo diurno hace un par de años, me centré en mi práctica privada y escribí el libro que he querido escribir durante años. Este fue un gran salto de fe para una viuda con dos hijos. Y afortunadamente, todo salió bien.

Sin embargo, este no era el libro que pretendía escribir. Imagínate.

Este libro nació, inicialmente, cuando pasé quince minutos escribiendo la charla de "cinco minutos de ciencia del cerebro" que le he dado a la mayoría de mis clientes a lo largo de los años. Lo envié a Microcosm Publishing, quien vio el potencial de mi idea vagamente formada y se comprometió a ayudarme a desarrollarlo, algo que los publicistas ya no hacen. Así que el otro libro todavía se va a hacer, para tu información. Además, tenemos muchas otras ideas de libros interesantes que se están preparando. Porque en el proceso, Elly Blue y Joe Biel han pasado de ser mis editores a mis amigos. Son brillantes, alentadores, y cuentan la cantidad de veces que escribo "chingar" en un manuscrito y siempre sugieren algunas más. Así que, cómetela, doctor Phil ... no la tienes tan bien como yo.

A Aaron Sapp, MD y Allen Novian, PhD, LMFT, LPC-S por ser los primeros lectores que intentaron asegurarse de que no me avergonzara de la parte de la ciencia del cerebro. Puede ser que de tosas maneras la haya cagado. No es su culpa, por supuesto. Envíen todo el correo de odio dirigido a mí.

A mi hijo Sammuel, quien ha sido mi co-entrenador en conferencias sobre ciencia del cerebro y trauma, compartiendo valientemente algunas de sus propias historias sobre la pérdida de su padre para ayudar a otros a aprender.

A mi mejor amigo Adrian. ¿Quién es siempre mucho más exitoso que todos los caballos del establo y todos los hombres del capataz? Y además de eso, trae comida.

Para el resto de nuestro equipo, porque si no ven su nombre impreso, simplemente no cuenta. Gracias por ser mi familia Shannon, Penny, Brianna, Hailee, Rowan y Braedan.

A Joe G. ¿Quién pasó de ser mi novio a mi esposo en este proceso? A pesar de mi determinación de nunca volver a casarme. Porque (claro), casarme es una puta idea terrible. A menos que sea para Joe G. En ese caso, el mundo comienza a tener mucho más sentido para cualquiera que conozca a alguno de los dos.

A mis supervisados, pasados y presentes. Son tan jodidamente inteligentes, motivados y BUENOS en sus trabajos, tengo que meterme una chinga para mantenerme al día y no avergonzarme. ¡Es la mejor prevención para la flojera que una chica puede pedir!

Y por último, a mis clientes. A LA MADRE. Todos son una estrella de rock tan chingones que no puedo ni decir lo mucho que estoy agradecida por ser parte de su recorrido. Gracias por hacer todo el trabajo duro. Y asimilar tan bien la ciencia del cerebro que ESO se convirtió en mi primer libro.

SUSCRÍBETE A TODO LO QUE PUBLICAMOS!

¿Te gusta lo que Microcosm publica?

¿Quieres que publiquemos mas cosas geniales?

¿Te gustaría recibir los temas de cosas nuevas que publiquemos?

Suscríbete para los nuevos temas como un BFF y te los mandamos por correo en cuanto se publiquen!

$10-30/mes, paga lo que puedas. Incluye tu talla de camiseta y tu cumpleaños para la posibilidad de recibir una sorpresa!

www.Microcosm.Pub/BFF

...Y AYUDANOS A CRECER TU MUNDO PEQUEÑO!

Mas Para que Tu Cerebro Funcione Bien: